台湾はおばちゃんで回ってる？！

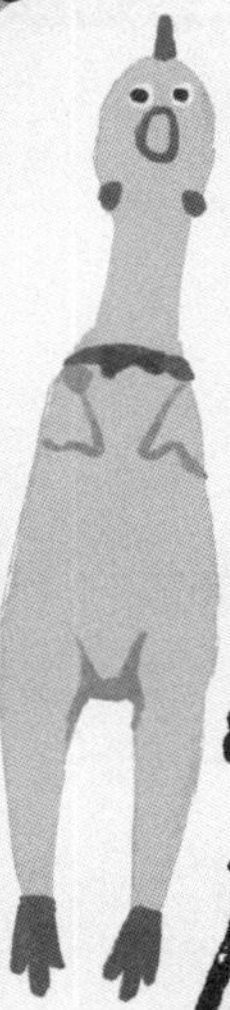

我成為台灣歐巴桑的修練之路

近藤弥生子的台灣在地生活隨筆

近藤弥生子——著
丁于文——譯

目◆次

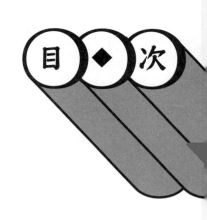

貳 民以「食」為天

參

在台灣懷孕生產

肆

經歷單親媽媽歲月 攜子再嫁台灣人

伍

在台灣養孩子兼修練當台灣歐巴醬

台灣最美的風景

雖然台灣有很多美景可以去欣賞，但我也跟弥生子小姐一樣認為台灣最美的風景是「人」。

我在看這本《我成為台灣歐巴醬的修練之路》的時候，想到自己剛來到台灣時哭笑不得的點點滴滴。弥生子小姐描述的台日文化差異感覺好像每個日本人能夠融入到台灣文化時都要經過的一場修練似的讓我邊看邊笑笑點頭。像我在台灣剛開始做演藝工作的時候，當初就不習慣在拍戲現場突然間改動台詞（因為在日本的拍戲現場都會尊重編劇老師而幾乎都不會有這種臨時修改台詞的狀況發生）或不管在現場多忙也一定要把吃飯時間空下來（如果是在日本的話，工作進度優先而先不考慮吃飯時間）等等。這些台灣拍戲文化一開始的時候也讓我很不習慣，但是後來慢慢接受了之後，我感覺台灣這樣的拍戲環境有時還真的比較有效率，也會更是人性化。現在回去日本拍戲反而讓我在拍戲現場感到不自在了。

我也是跟弥生子小姐一樣，來到台灣之後自己的個性大改變，應該是說不能不改變吧！但對我來說這個改變影響了我的人生觀，像是沒有在日本生活時那麼小心眼，而是以更寬容的心態去接受這段人生路程所發生的事情——這也是因為我身邊的很多台灣朋友讓我看見他們的人生態度或對人的態度，就是「沒關係」和「差不多」的心態去面對、接受人事物時，自然而然地把自己的心打開來，也會感覺得到人跟人之間的一種有溫度的交流……。這就是很多日本人已經忘記的人情味，所以日本朋友來台灣旅行的時候口口聲聲都會說「台灣有一種懷舊的感覺~好像是很久以前的日本」。

很高興弥生子小姐透過自己的人生經歷完成了這本台日文化差異的散文書，而且這本書已經在日本也出版了日文版。希望透過弥生子小姐的台日生活讓台灣和日本的讀者朋友們更了解兩邊的文化差異，也互相學習好文化！

祝福弥生子小姐在接下來的台灣生活也一切圓滿順利。

也正在走上歐巴醬之路上的田中千繪

推薦序

溫暖台灣的歐巴醬

某次偶然中的機會下，有位住在台灣的日本人在常聽的 podcast 中，突然聽到有本暢銷書「是台灣作者寫的」。她循線查了下去，寫訊息約了那位作者在台灣見面。好啦，那位日本人就是近藤小姐，而我就是那位台灣作家。第一次見面我們就聊到覺得時光飛逝，在整個下午的愉快氣氛中，我印象最深刻的，就是她的雞婆（完全是正面含義）。當時我講到有日本讀者飛來台灣找我，我也答應見面時。近藤小姐第一個反應是：

「什麼，是男生耶，你就這樣答應了？」

「恩，人家都從日本特別來了耶！」

「是沒錯啦，不過……你知道日本網路上有人說你很漂亮嗎？」

「好像看過一兩次吧……」

看到我如此遲鈍的反應，她終於直接說：**「日本小三文化很流行，不要隨便答應人家見面啦！」**

那一刻，我整顆心像被溫柔的海浪暖暖包圍「這個初次見面的小姐竟然這樣擔心我」，直到現在回想起還是覺得好溫暖。跟在廟口說：**「你怎麼只生女兒，沒有男生喔？」**的歐巴醬相比，近藤小姐有種恰到好處的雞婆。而這樣的特質，也反映在她的書寫上，雖然已經住台灣一輩子了，但我總是可以從她的角度，看見不同的台灣。無論是習以為常的食衣住行、或是更深度的議題。如果不是她，我不會知道台灣和日本性別平等政策、托育、職場女性處境的差別（太諷刺了，我還是女性職場書作家呢），也沒有機會深刻了解台灣是什麼樣的個性。近藤小姐大部分的寫作都以日文為主，為了追她的文章，不會日文的我大費周章註冊成為日經 Aria 的會員，只為了每篇都可以看到全文。

這本細膩的生活體驗，在日本辦了許多搭配台灣美食的歡樂讀書會之後，可以用繁體中文出版真的是太好了。就像書中唐鳳說的：**「台灣沒問題的！我們有很多好吃的東西（笑）。」**所以，這本書在台灣會辦讀書會吧？麻煩珍奶去冰微糖、雞排要切不要辣，謝謝。

國際暢銷作家　張瀞仁 Jill

台灣版序言 給台灣的話

大家好，我叫近藤弥生子。

沒想到我人生第一本散文書會翻成台灣華語版本了！

一方面非常高興，但一方面非常擔心。

因為，我把自己的台灣生活寫的很直接。

希望大家可以接受。

我在書裡面寫到很多我私人的故事，對我來說都是很重要的故事。

我有遇到開心的、難過的事情，

但每次多虧了台灣人不分性別的「雞婆精神」我沒有孤單過。

很感謝對我很好的人們，好可惜我沒有你們的聯絡方式。

我覺得自己只能不斷的學習台灣社會和它背後的歷史，並不斷的講這些故事給日本人聽。

我相信這是自己可以貢獻台灣，回饋大家給

我的人情的方法。

像是我在書裡寫到過去離婚當單親媽媽的時候決定回來台灣，是因為自己很需要台灣的媽媽可以自由自在的，不會因為是女性所以被社會要求很多的環境。

加上在後記寫到「現在的台灣，之所以能實現今日如此民主的社會，絕非來自於他人的施捨，而是像接力賽跑一樣，是在大家一棒接一棒的努力下獲得」，讓日本讀者發現，原來權利不是別人給你的，是自己要獲得並且保護的，這個過程也對我來說非常有意義。

在二〇二二年十二月這本書在日本出版之後，提到「我也是雞婆！」的日本人陸續增加。

還有，看完這本書之後，「原來台灣是對小朋友很友善的！」於是決定帶自己的小孩飛來台灣旅遊的媽媽們也不少。看到他們在台灣很快樂的樣子，自己也很開心。

我是很幸運的，剛好有機會可以寫下在台灣發生過的很多事情。

我想像，我身上發生過的事情，說不定別的日本人或外國人的身上也會發生過。

覺得這是一個很好的機會，讓台灣的大家知道一位單親媽媽的外國人在台灣怎麼過活。

希望大家可以再發現，自己的國家有多美好。
謝謝一直以來關心我的朋友們，以及讀這本書的朋友們，
讓我們台灣日本兩邊的雞婆，再來繼續交流吧！
很期待可以看您的感想喔！請多多 Tag 我，我會去看。謝謝大家。

近藤弥生子

作者序 我與台灣的緣份

我是二〇一一年二月開始來台灣居住的，那時剛好也是日本三一一地震的前一個月。之所以會來台灣，是因為我和一位在台灣當駐外人員的男性結婚。當時我還辭掉了在東京工作了七年多的出版社職務，然後遷居來台。不過在那之前，我和台灣就已經有些許的緣分。比如說，我收到過喜歡台灣的朋友或同事等，送給我的鳳梨酥和台灣茶葉之類的伴手禮。此外，我也曾為了和遠距戀愛的男友見面，而有來台灣旅行過好幾次的經驗。

我在東京的出版社擔任編輯，主要負責雜誌和網路媒體。我從一竅不通的打工小妹開始做起，一路上也仰賴了許多前輩的提攜。儘管當時才初出社會，但由於做事總是很敢衝，所以好像還害得直屬上司被笑稱為「馴獸師」。不過我依然維持一貫猛獸作風，也把編輯的工作視為天職。「真沒想到我們的弥生子會壽退社[1]啊，不過恭喜妳了」人事部長惋惜地對我說這句話的同時，我本身也很驚訝自己有一天竟然會辭職，之前可從來連想都沒想過。

如今回顧過往，壽退社也只是展開了我人生舞台的另一個序幕而已。當時大家為我舉行了好幾場盛大的餞別會，我也滿心期待的來到台灣開始我的婚姻生活。可是才剛來不久，地牛翻身轟然毀壞了我的家鄉。

來台灣的隔月，我就發現自己懷孕了。幾乎與此同時，日本發生三一一大地震。我爸媽和弟弟居住的茨城縣也受到影響。縱使當下心情忐忑不安，但我仍得以腹中的孩子為第一優先考量。關於回老家生產一事，我也曾試著詢問過老家那邊的婦產科，然而卻得到這樣的答案：「由於我們承接了來自隔壁福島縣的婦產需求，所以現在已應接不暇。如果您方便的話，請在醫療機構也很完善的台灣生產吧。」因此，我就在連一句台灣華語（指台灣人說的中文。有些表達方式和中國大陸方面使用的中文差異甚大，後文統一以「中文」表示。）都不會說的情況下，在台灣進行產檢，然後生了大兒子。

1　寿退社（寿退社・ことぶきたいしゃ・Kotobuki Taisya）：日本社會中的特殊職場文化，專指女性因結婚之故，向公司提出辭呈的行為。由於結婚是喜慶美事，因此於退社兩字前加一「寿」。

我現在覺得台灣對我很重要，但剛來台灣的我卻生活得很不愉快。由於嚴重孕吐的關係，結果為了學習中文而報名就讀的語言補習班，最後也不得不缺席。當時我也沒有工作簽證，因此也無法去上班。在這種情況下，我的中文不但完全沒有進步，而且也沒能交到新朋友。外面街上不管在哪一個時段，四處都會飄來陣陣食物的味道。連便利商店中，都瀰漫著台式用茶葉醬油滷蛋的「茶葉蛋」味。我常常腳才剛一跨入店內，就隨即難受的眼眶泛淚。就算暫時停止呼吸，趕緊把東西買一買，但走出店門後還是忍不住蹲在路邊吐了出來。類似這種情況還不只一兩次。

處於這種狀況下的我，在順利生下大兒子後迎來了轉機。台灣有一家數位行銷公司願意聘請我，並且幫我申請工作簽證。老闆夫妻剛好也生了一個跟我兒子年齡相仿的孩子，所以讓我也能帶著兒子去上班。此外，公司的會計助理阿姨兼保母，也會在上班時間幫忙照顧小寶寶們。這著實讓我無後顧之憂可以拚盡全力的快樂工作著。當一切才剛上軌道時，前夫提議說：「我們舉家回日本再重新來過吧！」

即使我有多麼地樂於工作，但家人仍然是獨一無二的。於是我再次告別職場，並在以為是永別的狀況下，抱著悲戚的思緒離開台灣，隨夫遷居到日本長野縣開始生活。然而，這段婚姻關係仍無法如願的繼續走下去，大概經過三個月左右，我們還是離婚了。

我到底該回茨城縣老家，還是再去東京呢……？正當我摸索著一位單親母親該如何在日本社會中生存的方法時，之前相當照顧我的台灣老闆把我喚回了台灣。所以這次我帶著剛滿兩歲的兒子，憑著我自己的意志，又回到台灣來了。

在那之後也發生了很多事。我帶著孩子與現在的台灣人先生再婚[2]，我們也生下了二兒子，現在一家四口都在台灣生活。每當我回首之前的人生時，就會不禁覺得現在圍繞著我的幸福，彷彿僅是一場幻想。

人生道路上發生的事往往出乎意料，如同與那些老生常談互相呼應：

「人生的波瀾萬丈堪比搭雲霄飛車。」

「宛若解除附身狀態般，今昔看似判若兩人。」

一路走來或許正是如此。

今日的幸福生活，毫無疑問的是托現任先生和孩子們的福。不過我本身也感覺到，由於在台灣生活，我才得以從被經年深植的束縛中解放出來，而且脫去綑綁後影響還真不少。「不要造成

2　序文提及的單親母親和再婚經驗等內容，皆已事先取得前夫和現任先生的同意後才刊行。

別人的麻煩」、「女人務必全力支持男人」等，這些封印般的價值觀，我還在日本生活時很自然而然地全盤接受。但這種想法在台灣並非必需，現在已被我從想法中摒除。

正是抖落了束縛後，我才能重新省思：

「那些價值觀真的是我要的嗎？」

如今紀實作家是我現在的工作身分之一。因為我喜歡在採訪和訪談中傾聽他人的故事，所以選擇從事這項工作，但其實我平常不太會想寫自己的事。可是，若我在台灣生活所得的經驗能夠提供些許之力，幫助某些人掙脫不必要的觀念束縛並從心解放出來——重新慮及此，我於是決定試著提筆寫作與大家一起分享。

台湾はおばちゃん
で回ってる？！

活力充沛又滿有人情味的台灣人

壹

1

台灣社會中不可或缺的歐巴醬

❋ 唐鳳教我的「雞婆」

「雞婆」——是我在採訪唐鳳（現台灣數位發展部部長）仍任職於政務委員時學到的。

台灣政府的「口罩資訊地圖（即時提供醫療用口罩庫存資訊的ＡＰＰ）」，在新型冠狀病毒流行期間助益不小。聽說這個地圖，原本是由民間單位自行開發提供大家使用，爾後唐鳳以此為基礎，製作並推出了政府版本。我當時很驚訝一件事：

「為什麼台灣人會如此熱心的將社會問題視為己任，又能自發性的採取行動解決問題呢？」

聽我這麼一問，唐鳳回答道：

「在我們台灣，有一個形容詞叫做『雞婆』。這個詞可算是一種精神，就是走過路過發現不公不義時，不會只枯等警察或里長等人來解決，而是自己會先想辦法看看能不能做得更好，同時也不吝於與他人分享想法，我們台灣人都具有這種精神。」

這個跟唐鳳學來的「雞婆」，我之後也一直把它擱在心中。

事後回想，還住在日本時的我，或許內心就已經養著一隻Size不算小的「雞婆」了。可能當時已經養到一個程度，結果開始在台灣生活之後，我這隻「雞婆」的自我主張便愈來愈膨脹。要是我在公車或捷運上，看到孕婦、長輩、帶著嬰兒或是小小孩的人，就會主動幫他們找空座位並帶他們過去。若是路人的後背包拉鍊沒拉好還露出錢包，我也會馬上跑過去提醒。「如果沒有人要做，那就我來做！」就是這樣的想法，讓我的身體不由自主地動了起來。說不定當下的情形是，這隻早已站在我左肩肩膀上的「雞婆」，頤指氣使的對我發號施令。

我這種愛管閒事的個性，在日本社會中被歸類為「お節介（Osekkai：意同多管閒事）」。所以還待在日本時，我滿腦子只覺得「お節介」頗令人丟臉的。因此當我知道唐鳳肯定「雞婆」的精神，就恰如正中下懷般的開心！那天晚上我甚至一本正經的跟先生提議說：

「難得跟唐鳳學了這個詞，而且又跟我的個性很合拍，所以乾脆以後就把「雞婆」拿來當作工作用筆名的中間字，名字改成『近藤・雞婆・弥生子』，你覺得這樣好嗎？」

聽我這麼一提，平日溫和穩重的先生，說時遲那時快地立刻應道：

「妳不要亂改比較好啦～」

馬上笑著阻止。接著我又跟台灣朋友提中間名字這件事，沒想到也被說：「妳瘋啦！」還跟我分享雞婆的例子。據說朋友去的那家健身房，好像有一個「很雞婆」的客人。這位客人會在健身房快關門的時候，以倒數計時的方式，向其他還在淋浴間沖澡的客人接連喊道：**「離關門還有五分鐘！」**然後大家「難得已放鬆的好心情，立刻被一掃而空」。

實際上「雞婆」這個詞，在台灣的用法也大多比較偏向負面，例如「愛多管閒事的人」等。我想當時唐鳳會舉這個例子，意思恐怕是著重在「樂於助人（世話焼き）」這一點吧！

不過，我現在已是年屆四十三歲、真正的歐巴桑，況且若能如唐鳳所言：**「雞婆精神有益於社會大眾」**，那我覺得雞婆一點也沒什麼不好啊！另外，如果我能成為一個出色的「雞婆」，說不定不只在台灣，在日本也能結交到有趣的「雞婆」朋友！

❃ 生孩子後自動被升格為「歐巴桑」

我在台灣本來就已經是「歐巴桑」了，自三十歲移居來台時被升格的。關於前因後果，請容我之後娓娓道來。先舉幾個中文裡的主要女性稱謂為例。

妹妹——指小女孩，相當於日語中的「お嬢ちゃん（Ojyoucyan；歐就醬）」。

小姐——用於年輕女性，相當於日語中的「お姉さん（Onesan；歐內桑）」。

阿姨——用於生過孩子或中年女性，相當於日語中的「おばさん（Obasan；歐巴桑）」。

女士——無論未婚已婚，向對方表達尊重之意時使用，相當於法語中具有一定地位的「Madame（夫人、太太；瑪丹）」。

阿嬤——等於日語中的「おばあちゃん（Obācyan；歐芭阿醬）」。

順帶一提，日語中的「おばさん（阿姨）」，已化身為中文裡的「歐巴桑」而且無人不曉。由於台灣仍保有日治時期的影響，日本方面的資訊，現在也幾乎同步大量湧入，所以中文裡直接援用日語字詞的例子也不罕見。「歐巴桑」一詞不單僅作為稱謂使用，想表現「歐巴桑」特質的人物時，也會拿它來當作名詞。例如，日本動畫《我們這一家》中的花媽，就等於是「日本歐巴桑」的象徵，而且在台灣也非常受歡迎。

縱使台灣人比較不拘小節，但要用什麼稱謂來稱呼女性，卻是個挑動神經的敏感話題。我自三十歲移居台灣開始到現在，只要去到餐廳、飯店、ＳＰＡ館、百貨公司等服務業場所，始終都被稱作「小姐（歐內桑）」。我認為，這應該是服務人員自身經驗的判斷：「對方是客人，姑且都叫她們『小姐』，才不會惹人討厭」。

但自從我生產後，只要帶孩子出去散步，無論是在公園或路邊與他人簡短交談時，對方都會脫口而出稱呼我「阿姨」。說真的，第一次聽到自己被叫作「阿姨」，當下的我深受打擊。

「阿姨，不就是歐巴桑……？是在叫我嗎？」

我來台灣那年和生大兒子時，都同樣是三十歲。才剛生完孩子不久，就被台灣社會認證為「歐巴桑」？這個衝擊可真是不小。但更不可思議的是，現在我反而認為：「這樣是不是比我原先想像的還來得好？」

我會開始接受自己已被視為「歐巴桑」的這個事實，是因為後來感覺到「歐巴桑」在台灣給人的印象並不差。約莫在台灣生活了十一年之後，我逐漸覺得這群四處出沒的歐巴桑，正是台灣社會中最不可或缺的存在！不過，與其用「歐巴桑」這個詞，倒不如用「歐巴醬」來得優。日語中的歐巴醬有活力充沛又迷人的意思，更適合笑容可親的台灣歐巴桑形象。

❋ 歐巴醬們的強力「人生軸」生存法則

台灣的歐巴醬們，一言蔽之就是活力四射。她們大多數都有運動的習慣，一大清早就會夥同其他歐巴醬去公園運動。雖說是運動，但其實是配合著自己喜歡的音樂隨心所欲的跳舞。音樂方面，從鄉廣美那種朝氣蓬勃「A CHI — CHI！熱辣辣！」的日本流行歌，到最近台灣人情有獨鍾的韓流歌曲等，歐巴醬們的舞曲風格似乎也跟著流行走。聽說，跳舞的位置並無硬性規定，但會站在前排的多是舞林高手，站在後排的人則邊看著前排邊跟著跳。

而且每個跳舞的歐巴醬都穿著一樣的 T 恤。雖然可以在各個大型公園裡看到

早餐店的歐巴醬。似乎只要看到人就能聽到她們用宏亮的聲音問：「今天要吃什麼？」

好幾個團體，但因為她們身穿粉色、黃色、紫色等相同顏色的隊服，所以哪個團體盤踞哪個位置，馬上一目了然。

運動流過汗後，歐巴醬們會繼續留下來快樂地閒話家常。

「上次我跟親戚的朋友買的魚很好吃，大家要不要來團購一下？買多一點的話會比較便宜。」

「妳們看，台大校園裡的水茄苳（僅開花一夜，隔天早晨便會凋謝的美麗花朵）現在開得很漂亮，這是昨天晚上我和家人去看的～」（然後秀出一堆手機裡的照片。）

從諸如此類享受著生活資訊的交流，

「聽說幫我們社區做垃圾分類的歐巴醬，最近人跌倒腳受傷了。之後的垃圾分類沒有歐巴醬幫忙的話，應該會很麻煩吧？」

「那些無依無靠的孩子們，好像在這波疫情中過得很辛苦。我們今天晚上要不要一起帶吃的東西過去看看？」

到大家生活區域中發生的議題和問題等，歐巴醬們總是在閒談中，找尋有無能自行解決的辦法。

台灣除了有「社區」之外，還有「里」這個以行政劃分的區域單位，相當於日本的町內會◆。一里當中的首長稱為「里長」，對照日本就等於町內會長。里長的工作與里民的日常生活息息相關，里內發生的大小事多由里長處理。里長通常也會在里內找一個據點，例如疫情流行期間，他會在那裡發放一些公益團體捐贈的口罩等防疫物資。如果該里的里長表現優良，里內的各項事務不僅能井井有條，里民也會事事信賴他。話說，曾被一位我在台灣的男性友人給嚇了一跳，因為他說：

「以後有機會我也來選里長。」

聽他說話的口氣如此認真，結果我脫口而出……

「欸？好像很累人耶！不是有很多煩人的事嗎？」

說了這句話。

「里長在地方上很受大家的尊敬喔！」

他正言地答道。

這位一里之長和台灣的歐巴醬們是神隊友般的組合。就里長而言，機動力強的歐巴醬們是他的靠山；就歐巴醬們而言，如果里長做得不好，可是會連帶影響自家的日常生活，所以歐巴醬們會盡

◆ 一種自發性管理居住區域事務的自治團體。

己所能地協助里長。不論是自家麻煩事，還是發現有困難的人，她們都會去找里長商量。

此外，歐巴醬們也有自己的「人生軸」生存法則。穿自己喜歡的衣服、吃自己愛吃的東西。無關乎年紀，就算是短褲、迷你裙，只要是自己想穿的全都大方地穿上。我身邊露肚臍、穿熱褲的媽友們也是一堆。只要自己能接受就好，根本不需要去在乎別人的眼光。

歐巴醬們在服裝、鞋子和飾品上的偏好，傾向於「Bling-Bling 的閃亮派」，概念色則是粉紅色。她們穿的粉紅色，可不是低調柔和的鮭魚粉，強力凸顯個人主義的搶眼豔紅粉，才是她們唯一的選擇。

以前我採訪台灣最具代表性的女歌手之一 9m88 時，她自費治裝帶來的衣服，正是這種豔紅粉色系。

「這種顏色很台味呢！」

一聽到我這麼說，

「這是台灣歐巴醬們最愛的顏色喔～」

9m88 微笑表示。當時攝影師川島小鳥為了幫 9m88 拍照，還專程從日本來台。可能因為如此吧，所以 9m88 便特意挑選能展現台灣風格的衣服。

從各方面來看，富有人情味又兼具人性化的這一點，正是台灣歐巴醬們的魅力所在。

我在台灣大概有六年左右的時光都過著單親媽媽的生活，所以平常去市場採買時，總會讓當時年紀還小的大兒子坐在腳踏車的後座。但因為無法配合兒子的午睡時間，他經常會在我買菜的時候睡著。反正他也被後座的安全帶繫著，所以我覺得也還好，但是市場的這一群資深歐巴醬們似乎很看不過去。

「小姐，你過來一下！小孩子太危險了，我用繩子來幫妳綁！」

話一說完，歐巴醬就拿捆菜的那種堅韌塑膠繩，幫我把坐在腳踏車後座椅的大兒子牢牢地綁緊（現在想起來，那種塑膠繩的顏色也是豔紅粉色調）。回到家後的我總是得費一番功夫，才能解開那綁得牢不可摧的繩結。但在解繩當中，我也每每倍受歐巴醬們的關心所鼓舞。

在台灣有句話這麼說——「台灣，最美的風景是『人』」。這句話的意思，雖然主要指台灣人濃厚的人情味，但我想這之中肯定有很多歐巴醬們貢獻了不少呢！

也由於這個緣故，來到台灣之後，完全翻轉了我對日語中的「歐巴醬（阿姨）」概念。以至於後來連我也樂於接受自己被升格認定為「歐巴醬」的這個事實。我想了一想後發現，自從來到台灣生活，不知不覺中許多封印般的束縛已自動解開，身心裡裡外外都變得一派輕鬆，這也是為何我會想寫這一章節的目的之一。

2

沒有同儕壓力的台灣

❀ 無「理所當然」的壓迫

當我接受日本方面關於台灣主題的採訪時，最頭疼的地方就是他們問說：「在台灣的話，大家對這件事情會有什麼看法」。為什麼我會如此困擾？因為台灣社會帶有多元色彩，無法僅用一句話概括「大家普遍都是這麼看的」。這種斬釘截鐵式的回答，實在很難成立。

就拿營養午餐來說，大兒子就讀的小學有兩種午餐方式可以選：一是「自己帶便當」、一是「訂營養午餐」，提供家長做選擇。另外，在台灣的公家機關填寫資料時，大多數表格的性別欄還會有除了「男／女」之外的其他選項。從此處就能感受到「每個人的需求不盡相同，這原本就是理所當然」。

台灣的個人職涯亦是如此，不會有那種：「你理所當然應該具有這樣的經驗。」而且台灣也不像日本有「在學時面試，一畢業就進公司」的觀念，台灣的學生不論是在學還是畢業後，都沒有「一畢業就應該上班」的理所當然氛圍。大學畢業後選擇就讀研究所的人，或是利用度假打工制度出國的人亦不在少數。今後要選擇進哪個業界等等的就業活動，每個人都可以在畢業後按照自己的步調進行。我就聽我先生說過，他因為雷曼金融風暴的關係，從陷入經營危機的公司自主離職。從那時候起，過了大約半年領打工日薪糊口的日子之後，他便利用打工度假的制度前往日本。

日本社會中有一種類似同儕壓力的效應存在，我們得去符合「社會認定的理所當然」，例如「身為社會人士必須要有正職工作」、「女性就應該要化妝」等。相對於日本，台灣社會卻能接受「你也可以有不同的做法」。

以前我曾和社會新鮮人同事去拜訪客戶，拜訪結束後，她向對方借用洗手間。沒想到她在洗手間裡把原本身上穿的套裝換成便服，甚至連妝都卸了。對於她的這些舉動，我有點吃驚。當時她說：**「我不喜歡穿套裝也不愛化妝」**。我當下心想：「反正拜訪也已經結束了，又有何不可呢？」——看來，那個時候腦海中會浮現出這種想法的我，或許已經相當台灣化了吧。

❋ 勇於給人添麻煩吧！

對我而言，「學中文」是過去我在台灣工作時的最大課題。雖然說採用「邊做邊學」的方法在聽力方面還可以，但是如果口說不行的話，無論做什麼事都要麻煩別人，而且在工作和生活上也無法有效溝通。因此，我就跟公司的同事「交換語言（兩位母語不同的人士，互相教授對方自己的語言）」。外國語言學習者經常會藉助這種練習法，來互相學習彼此的語言。我們大概在下班後的一個小時左右裡，我教同事日文、同事教我中文。然後上課時，我就請別人幫忙看一下大兒子。

每隔幾個月，就由另外一位同事與我上課。最後真正和我「交換語言」的，是擔任設計師工作的林橋。於是，我帶著大兒子和為人熱心又很疼小孩的她，每週一次約在百貨公司的地下美食街，三人一起邊吃晚餐邊上語言課。大兒子也很黏林橋，上課時總愛和她坐在一起。

我們上課內容的主題五花八門，從工作上會使用到的中文，到當下的新聞時事都有。不過至今仍讓我難忘的，是林橋對一樁令人悲痛的新聞事件的反應。當時的事件是，有日本人在國外紛爭衝突區被挾持作為人質。一位人質的母親向大家表達歉意：「**造成各位的麻煩，我由衷感到抱歉。**」此外，由於她還在發言中提到：「**請救我兒子一命！**」結果引來日本社會大眾普遍的撻伐。我向林橋解釋這段內容時，她就嘀咕道：「**如果是台灣歐巴醬的話，早就大聲嚷嚷『快救我兒子』了，才不會去管什麼麻不麻煩別人呢！**」

事實也的確如此。在台灣的話，大家對「給別人添麻煩」這件事的看法並不像日本來得那麼負面。或者也可說台灣人有一種思維，那就是「人活在世界上沒有不麻煩別人的時候」、「大家互相幫忙」。台灣新冠疫情期間，我不斷地看到有人呼籲「大家要有同理心」。會有這種呼籲是因為：「**要是有人因為害怕被周圍的人責怪，而不敢說出自己已經染疫，這樣反而會無法抑制感染源。況且在這種狀況下，無論是誰染疫都不會令人感到意外，所以不要責怪染疫的人，大家應該要互相發揮同理心。**」

說到同理心，最近也發生了一件事。我把在超市買的牛蒡，放進腳踏車籃載回家時，不曉得哪裡出了差錯，牛蒡竟然飛出去掉在馬路旁。等我騎過斑馬線後才發覺牛蒡不見了，於是想趕快調頭回去找。當時的情況是，那條馬路的車流量很大，牛蒡就算隨時被車子輾過也不足為奇。因此在紅燈變綠前，我的心情不安又緊張，但沒想到司機們竟然全都刻意閃過我的牛蒡！所以綠燈亮後緊急撿回的牛蒡完全毫髮無傷。台灣社會怎麼會如此地富有同理心，真是太令人敬佩了。

經過這次的事情後，我再次確定互相麻煩、攜手生存的好處是無與倫比的。同時也在成為歐巴醬的修練路上，又邁進了一大步。

❋ 為何台灣沒有同儕壓力？

我們這個世代的日本人，在成長期間總是被教導「不可以和別人不一樣」。然而當我開始在台灣工作之後，我從台灣人那種「自己和別人不一樣是理所當然的，你尊重我，我就尊重你」的就事論事態度，受到很大的刺激。這當然也會根據個人、職場、業界而有所不同，但就我待過的媒體、行銷和ＩＴ等業界，只要能做出成績來，就能夠在關係比較不分下上的平等地位上交換彼此的意見。

雖然台灣的企業大多也採行由上而下的經營方式，但不知為何，我卻感覺不太到「同儕壓力」。每當碰到這種情況，我就會開始思考其中原因，後來也得出了一個自己推演的假設。我的假設是，在這個面積大小與日本九州島相仿的小島上，歷史背景各自不同的人們一起在此生活。所以無論大家在職場或在學校中遇到背景不同的人時，便會自然以一種「各自的價值觀不同，原本就是理所當然」的態度去對待他人。

事實上，台灣社會是由許多不同族群團體組成。早先住在台灣的原住民◆，光只是政府承認的就有十六族之多，但其實還有很多，而且每一族也都擁有自己的傳統和文化。

不過，最先居住在台灣的原住民方面，則因為遭受到其他後來民族的屠殺和經濟壓榨等，而對這些後來民族抱持著一種負面的情感。其中有些部分也與日本關聯甚深。例如日治時期，原住民被禁止使用母語，結果導致文化在傳承上無以為繼。二〇一六年就任總統的蔡英文，就曾經代表台灣政府向原住民道歉：**「對於過去四百年來，各位承受的苦痛和不公平待遇，我代表政府，向各位道歉。」**她當時也說明了政府未來的做法——設置委員會，並定期針對相關法案的制定和政策進行協商等。

荷蘭、西班牙、鄭成功、清朝、日本、然後是中華民國……。台灣的歷史是由一段段被長期統治形成的。在這種背景下，一路以來激烈的摸索著「我們是台灣人」、「到底什麼才叫做台灣人」等自我認同，如今大家又重新認識到原住民所擁有的獨特豐富文化。

◆ 日語中的「先住民」一詞，在台灣的語言使用上包含有「已經覆滅」之意。因此台灣政府訂定的「原住民」稱呼，意指自昔日就已生活在該地區的族群。

這種現象也反映在我大兒子的小學教科書裡。課文中除了不缺原住民的歷史，同時也介紹他們的生活智慧。

我們一家人去台灣東部花蓮旅行時，曾體驗過住在馬太鞍濕地阿美族人的生活智慧「巴拉告（一種捕魚方式。不僅友善生態系統，環境亦不會過度負荷）」。大兒子當時非常興奮的說：**「這個我們在學校學過！」**馬太鞍濕地除了「巴拉告」以外，也有能夠體驗阿美族工藝的設施，因此吸引了台灣各地許多遊客前來旅行體驗。

包含原住民等各族群的豐富文化都是台灣的一部分。這種觀念同時也已經滲透至台灣的文化界。台灣規模最大的音樂獎項「金曲獎」，自二〇〇三年第十四屆起，增設原住民語、客語、台灣本土語言台語（河洛話）等最佳演唱人獎項。

如果就我愛用的隨身物品來說，像名片夾和手機外殼都來自一個名為「Kamaro'an」的品牌。Kamaro'an的品牌發展重心在於製作融合阿美族悠久傳統工藝的產品。他們的產品亦備受國際矚目，在MoMA（紐約現代藝術博物館）的藝術禮品店裡也有販售。

除了原住民以外，應該也有很多人知道，早日的台灣還有一段「外省人」和「本省人」強烈對立的年代。但在這座美麗的島嶼中長期生活後，不但通婚的情形日益增多，外省人第三、四代也陸續誕生，因此先前的對立情況在目前已日趨平緩。我從日常生活中也感受到這個現象。例如我的本省人朋友們有時會說：「**那家外省人開的麵店很好吃喔！**」就是其中之一。

雙方過去因為關係惡劣、以及某方嚴重被打壓，所以才會衍生出被加害者與加害者，僅自己人能理解的意識。生活在多元文化背景中的本省與外省台灣年輕人，或許在那一段歷史之後，今日的他們已自然而然的學習到和平共處的前提是，要先尊重對方所重視的情感。

另外，我覺得台灣人也很擅長溝通對話。因為利害關係

體驗阿美族的巴拉告文化。

公園裡也有性別友善廁所。

不同的兩造，會從中找尋對方的「唯一底限」，並藉此取得「大致上的共識」。

以前我去唐鳳的辦公室訪問他時，同事們就曾提出原住民的議題來討論：「國家公園等同於自然保護區，但狩獵原本就是原住民本身的文化之一。不過狩獵文化卻與現行法律相牴觸，請問在法律上要如何釐清會比較好？」此外，還有在日本因為「白牌車違法」而無法取得合法的「Uber」，也在台灣利害關係者雙方的協調下，台灣 Uber 得以合法化。

我想今後的台灣，無論是政府還是民間單位，都會繼續維持這種多元性來打造一個民主化社會。我能夠每天身處其中觀察，不但學習良多，同時心情也很興奮。

3

台灣人常掛在嘴邊的話

❋「沒關係」——大而化之功力堪稱世界級

我常常感動：「台灣人的大而化之功力怎麼會如此高深！」

在序言中也稍有提及，大兒子甫出生六個月，我便帶著他開始在台灣的數位行銷公司工作，也就是所謂的「帶小孩上班」。當時公司規模還很小，全部員工加起來不到十人。老闆夫妻剛好也有一個六個月大的孩子，因此公司準備了一間嬰兒房，並且請會計助理阿姨幫忙一起照顧。

即使如此，我工作時還是會聽到寶寶們的哭聲（那時大兒子為了找我，還會把哭臉貼在門的霧玻璃上。從辦公室這邊看過去，簡直就像在看恐怖電影），休息時間也會在辦公室裡爬行。如果是在日本的話，很難想像上班時間會有這種情形。雖然對其他同事感到很抱歉，但大家卻異口同聲地說：

「沒關係。」

台灣人讓我深深感覺到，他們是「很務實」的一群人。簡而言之，只要員工把該做的事做好，其他的都好說。

我坐公車時也常遇到一種情形，就是司機中途跑去上廁所。公車站附近的大樓有一間司機先生們常去的廁所。當需求來臨時，他們會跟乘客說要停車一下，然後趕快跑進大樓。

「我現在要停一下車去上廁所，可能會有點久，趕時間的人可以搭下一班車。把這張卡交給那位司機，就不用再付一次車錢。」

一聽到司機先生這麼說，乘客們就乖乖地領卡下車，然後去搭另一班公車。

有時候，司機還會在公車站以外的地方停車。當時我還在想，是發生了什麼事嗎？結果司機以迅雷不及掩耳的速度衝出車外，從家人手中拿到便當後又回來開車。我看全車乘客們的視線只跟著司機瞄了一下，除此之外再沒有其他反應。

百貨公司的話，雖然好像有規定不可以在賣場裡吃便當，不過櫃哥櫃姐們還是會帶杯珍珠奶茶喝；一般商店的話，店員則普遍會邊吃便當邊顧店。感覺上，這

公車內也是司機先生展現興趣的好空間。
（上）擺放觀葉植物。（下）喜愛絨毛娃娃的司機先生。

就是大家的日常。

順便跟大家分享。我聽某位自己經營按摩ＳＰＡ的芳療師說，有些客人會在進行療程時旁若無人的放屁。他們會這麼做的理由是，這屬於一種生理現象，把廢氣排出體外也算理所當然。

這一句「沒關係」不僅讓我受惠於他人，在我學會對別人說沒關係之後，似乎還讓自己變得更游刃有餘，不由得感到開心又很不可思議。

雖然台灣人高深的大而化之功力——「沒關係」令人欽羨，不過日本人百折不撓的精神我也覺得很棒。有些台灣人一聽到問題就會馬上對你說「沒辦法」。然而，「台灣人的沒辦法」可不能真的相信，在他們的沒辦法裡始終還是有「辦法」的。縱使過於糾纏的百折不撓會惹人討厭，但必要時，我認為大家還是好好坐下來確實討論為宜。

❋ 不好也不壞的「差不多」

「差不多」是我在台灣生活時，耳熟能詳的詞彙之一。意思如同字面所示「差異不多」，相當於日語中的「大体（大致上）」、「ざっくり（籠統概括）」等。

這個詞彙有時對我幫助很大，但也不是沒有被它害到的時候。

若要舉例說明，約定時間應該就是個好例子吧。

聽說，台灣的商業禮儀是「不太喜歡客人準時來訪」，這真是讓人吃驚。我之所以會受到如此大的衝擊，是因為我在時間方面是個十足純種的日本人。當我去拜訪客戶時，我會在約定時間的十五分鐘前抵達客戶公司樓下待機。等一到約定時間的前五分鐘，我就會如同上好發條的快步前往。雖然我自己覺得這種做法很好，但如果會造成客人困擾的話，還是得做修正。

一問之下，大家的想法似乎是：**「日本人雖然很拘泥會議開始的時間，但是卻完全不遵守會議結束的時間。」**這句話真是戳中了日本人的痛處。台灣人好像普遍認為，準時沒有不好，但比約定時間晚的五分鐘更佳。對早已習慣台灣人作風的日本人來說，諸如此類的文化差異都已經心領神會了吧。但是對象不同的話，作法應該還是會跟著改變的。

這個「差不多」最令我不得不留意的地方就是——交期。我在東京出版社工作的時候，行程表的時間是以「幾月幾日幾點幾分」為單位，來跟對方約定的。因此剛開始在台灣工作時，這個文化差異對我而言相當大。不僅交期截止日被理所當然的忽視，還會用各種理由推延交期。

某回工作截止日期到了，但下屬完全沒把工作做完。我一問之下，對方回答的理由竟是：「我聽不太懂弥生子小姐說的中文，所以才會不知道今天是截止日期。」縱然很不甘心，但我中文說得差也是不爭的事實。基於上述經驗，從此以後我一定會使用白板說明事情，同時拍照留存作為證據。

插一下題外話，台灣有所謂的「颱風假」。每當颱風接近時，台灣政府隨即會預測災害程度，然後要求學校和企業等單位「放颱風假」。如此一來，表定的工作時間會愈拖愈晚，而且回過頭來可能還會影響部門主管的考績，原因就是沒有照行程表走。反觀其他的同事，大家都熱烈開心地討論放颱風假的計畫。而且每逢颱風即將來襲時，大家就像是要去參加廟會一樣，興奮期待的開始確認新聞快報。

對按照表定時間走屬理所當然的日本人來說，颱風假好像不太符合我們的習性。但其實對此我是強烈質疑的。從小到大，每遇颱風交通工具就有癱瘓的可能。還得花比平常多出好幾倍的時間，而且全身淋得溼答答的，就只為了上課上班。然而台灣方面卻證明了一件事，放颱風假雖然多少會延遲既定行程，但無論是學業還是經濟活動，終究會船到橋頭自然直。可見得「差不多」，也並非全然沒有優點。

大家也一定能從前文中想像得到，私人的約定時間，理所當然更會拖拖拉拉了。比如說我和媽友們的約會，大多是在當天早上才去電聯絡：**「下午要不要一起**

出去玩呀？」接著等中午大家都吃完午餐後，才開始確認時間：**「你們吃過午餐了嗎？」**、**「我大概再過一個小時就能出門～」**等等。老實說，這種悠閒的感覺真的很棒，一旦陷入永遠無法自拔。有趣的是，如果有一天我能預測對方會遲到多久，然後自己再採取行動的話，屆時我的台灣歐巴醬修練之路，必定會再更上一層樓。

❋讓我們互相「關心」吧！

我經常在台灣政府的政策宣導海報上，看到「關心」這兩個字。日語的漢字寫作「関心（有關心、關注、興趣等之意）」，不過台灣的用法大概是「我們會在意、掛念你」。或許對台灣人來說，這是一種表達同理心的方法吧！

在那段不太會說中文又身為單親母親的日子中，我一路打拼過來，也得到了不少台灣人的關心。

曾經有一位認識的歐巴醬，邀請我們母子倆去參加她女兒的婚禮（台灣結婚典禮中的賓客邀請，大多會由父母親決定，新郎新娘有時較少參與）。然後她在婚宴會場上悄悄地來我耳邊說：

「弥生子小姐，我女兒工作的那間公司，老闆人非常好，待會我來給你們兩個介紹一下唷！」

然後，歐巴醬也真的介紹給我了。可是對方老闆看起來比我年輕許多，難道歐巴醬不覺得這樣會有點尷尬嗎？我不但是個年紀比他大的外國人，而且還帶著一個孩子，一定會尷尬吧！我自己也覺得很不好意思，於是拿出商場上的客套跟他交換名片，想辦法撐過那個場面。即使過程中有點狼狽，但歐巴醬關心我們母子倆的心意，也在我心中升起了一股溫暖。

但關心我的不只有歐巴醬，還有年紀比我小一輪，跟我關係還不錯的女同事。而且她也做了一件讓我意想不到的趣事。

「我昨天和我男朋友去 Costco 買東西的時候，遇到一個看起來很不錯的人耶！我們倆站在麵包區前面討論：『我想要買，可是份量很多……』然後那個人就對我們說：『如果你們方便的話，要不要跟我一起買來分？』他是個給人感覺非常好的人，看起來又和弥生子小姐的年紀差不多，所以我們就跟他要了聯絡電話喔！」

同事說完後，便給了我一張紙條。這個行動力真的太強了。連這麼年輕的她都如此關心我，我不感激都很難吧！話說，我接下來該怎麼做才好呢？「啊，您好，不好意思打擾了。昨天我同事好像有在 Costco 跟你一起買麵包……您介意出來喝杯咖啡嗎？嗯，不過，我是帶著一個孩子的單親媽媽……」這樣的開場白不知是否妥當？當然不，再怎麼說我都做不到。光只是在腦袋中想像就奇怪到笑了出來，然而心中還是覺得暖暖的。

無論是在計程車、公園，或在餐廳吃飯……在這些場合中偶遇或是不相識的歐巴醬和準歐巴醬們，都對我展現了「擦肩而過只因前世緣」的某種程度「關心」。要是太超過的話，她們有可能就會變身成「雞婆歐巴醬」，但比起「相互漠不關心」的社會，我還是覺得台灣住起來比較舒服。

❋「EQ很高」是一種讚美

日本人在讚美他人時都會怎麼表達呢？現在想想，大概是「善解人意」或「優雅得體」之類的吧！不過，我在台灣公司上班或和媽友們聊天時，卻很常聽到「EQ很高（情緒智商高）」。而且也經常看到在新聞標題或社群網站上使用。

台灣高EQ女性的最佳代表之一，就是與日本藝人「放浪兄弟」成員AKIRA結婚的人氣女星林志玲。網路上的文章等甚至也常報導關於林志玲的「高EQ語錄」。在林志玲公布結婚消息後，媒體們鍥而不捨的大作文章：懷孕了吧、因為懷孕嗎？之後林志玲只不過穿個平底鞋而已，又被報導說：「已懷孕？」

這種情況下，普通人會覺得不高興也不足為奇。然而林志玲卻展現幽默，在

IG上貼了一張用大碗公裝滿白飯的自拍照片，然後還加註：「我很胖嗎？以後只能吃一碗了。」引來粉絲們紛紛在下方留言「好可愛！」、「EQ超高的～」。她這種從容的氣度，的確很值得我們學習。

「EQ」這個概念，也經常應用在職場的人際關係上。同事看著上司在眾人面前斥責下屬時，暗地裡提點我說：

「台灣人很看重面子。在大家面前罵某個人，就等於『不給那個人面子』。無論被罵的人做了什麼天大的錯事，大家仍然會覺得：『在別人面前發飆的上司EQ很低』。」

幾乎多數人的看法都是如此。

我覺得大家會認為：**「無法控制自己情緒的上司，不值得尊敬。」**確實也極其自然。但也正是這一點，讓我感覺到「比起IQ，台灣人更重視EQ」。雖然各個年齡層和每個人對EQ的看法不一，但就我看來，大部分的台灣人還是比較偏重「內心的踏實」，而非「金錢和名聲」。或許這也可視為，台灣對某個鄰近大國的抗爭，尤其那個國家又帶來了「人口和經濟規模」上的壓力。

相對於此，我也不知道原因為何，但日本社會似乎比較重視IQ。當我出版關於唐鳳的書，為了出席相關主題而投稿媒體時，日本媒體總不約而同的打算用「IQ180的天才大臣」這種標題。但其實了解唐鳳的人都知道，她的魅力並不在於ＩＱ。況且唐鳳自己也曾公開說：**「長大以後，談論ＩＱ沒什麼意義。」**

所以唐鳳本人在確認文章原稿時，才會把編輯部寫的「ＩＱ１８０」訂正為「身高１８０」。

「不用四捨五入剛剛好１８０。」

說話俏皮慧詰的唐鳳，果然也是一個ＥＱ很高的人物。

我為了拙作《想法才是主角：轟動日本的「天才數位大臣」唐鳳，打破框架的30種破繭思考》◆前去採訪唐鳳時，除了提及上述日本社會現象，也順水推舟的問他說：**「為什麼台灣人這麼重視ＥＱ呢？」**唐鳳於是答道：

「我們遇到挫折和衝突時，非常重視該如何照顧自己的內心。台灣的人口稠密度很高，所以這是我們必備的技能。」

以往我總覺得，「ＥＱ」只不過是待人處世的一種技巧而已，原來還有人認為可以用「ＥＱ」來保護自己的心靈，不禁令人由衷讚嘆這種新視角。從那一刻起我就立志，將來要成為一個高ＥＱ的歐巴醬。

◆ 原書名：オードリー・タンの思考 IQ よりも大切なこと／日本 Bookman 出版社。

4

開門見山又有力的待人處世

❋ 毫無顧慮托人代買

「台灣人真的很強哪～」我會這麼覺得，是因為他們有那種「明知不行仍試著拜託」的精神，尤其歐巴醬更是箇中高手。

我這個日本人被拜託最多的，就屬回日本時的購物了。雖然台灣也有某些業者專門在做「日本代購」，但一直以來還是有某些個人代購存在，藉此也能賺點利潤還不錯的零用錢。個人代購的物品可說是五花八門，有微波爐、電子鍋等家電，以及藥品、化妝品等。當我正處於為生計所苦的單親媽媽時，台灣的朋友就曾建議我：**「弥生子為什麼不做代購呢，可以賺錢喔！」**

雖然我不曾把代購當成工作來做，但事實上，被別人拜託幫忙買藥的次數還真不少。例如：「悠斯晶乳霜十個」、「腸胃藥五箱」等，數量完全超出我的認知範圍。要是對方來拜託時說：**「只要妳帶得回來，就盡量多買。」**剎時之間，我真的不知道該怎麼回答比較好。

即使很多東西在台灣都買得到，但如果託我買的話，就可以用日本當地的價格購買，況且又不用運費，這樣算起來當然比較划算。大家也沒什麼特別用意，幾乎都只是因為這個理由而跑來託我買。基本上，就是以一種「互相」的精神來拜託別人和被別人拜託，這應該就是台灣人的距離感吧！所以我猜想，一定也有很多在台的日本同胞被拜託過吧。

若要說到之前我買過最累人的東西，應該就是大兒子保母託我買的濃縮咖啡機了。那台機器又重又占空間，而且因為機體有玻璃構造，所以打包起來也不簡單。我還因此請家人幫忙，慎重地把它包好。老實說，我當時是單親媽媽，忍不住心想：**「即使沒買咖啡機，身邊帶個孩子，行李原本就很多，為什麼要託我買這個……」**可是人家保母一直都對孩子非常好，於是我便抱著報恩的心情，把那台咖啡機扛回台灣了。

除了親自從日本帶東西回來台灣之外，也有人拜託過我幫忙網購，物品是一套價值好幾十萬日圓的露營用具。對方之所以來拜託我，是因為「我想買日製的產品，可是我不會日語，所以想請妳代勞」。我還是單親媽媽時，有好幾年的時間私底下都受到對方照顧，因此才信任對方幫忙代訂。由於我自己幾乎從沒買過那麼昂貴的東西，所以很緊張。當我把代墊的日圓換算成新台幣，並且告訴對方金額後，對方還多匯了很多錢給我。難道這就是台灣人託別人買東西時的作法嗎？即使如此，我今後還是能免則免吧！

❀ 好心的直言不諱

住在台灣比較不用像待在日本那樣，待人處事要步步為營。不過取而代之的是，要會接住溝通時的直球對答——特別是在歐巴醬圈內。前一陣子因為疫情和忙於寫作的關係，導致我的體重直線上升。結果久違的媽友一見到我，當下一臉正經地問道：

「弥生子，妳是變胖？還是懷孕呀？」

普通不是都應該先打個招呼：「好久不見～」之類的嗎？不過，這只是我個人的想法，因為一般台灣人總是好心的直言不諱。在服飾店裡看衣服時也是這樣，店員會說：

「妳不適合那件啦！這件顏色看起來比較亮。」

「妳穿那件看起來會很胖，挑別的比較好。」

馬上以諸如此類的話打槍阻止我。縱使這類對話在生活中不時上演，而我至今仍然不習慣。所以幾乎不曾在台灣買過衣服，我還是覺得日本那種恰如其分的待客距離感，讓人比較自在。

其中最讓我驚嚇的對話，是發生在我盲腸炎併發腹膜炎，必須緊急動手術的時候。還在日本工作時，我的盲腸就已經發炎過好幾次了，每次我都吃藥撐過去。因為比起吃藥，我更害怕去醫院、流血、打針之類的事。所以當台灣的急診醫護人員通知我必須馬上開刀，我依舊邊淌著淚邊堅持說：

「日本那邊都只要吃藥就可以了。大家都認為現代的醫藥很進步，完全沒有必要開刀！」結果，一個同樣被送來急診室躺在我隔壁，看起來有江湖味的歐吉桑大聲怒罵道：

「妳吵死了！」

最後，我就在恐怖又害怕的心情之下哭著接受了這個事實。還在診療室聽值班醫生說明手術時，醫生說：

「因為要割盲腸，需要在肚子上開洞。現在給妳選，妳要開一個大洞還是三個小洞？」

再度垂死掙扎的我試著答道：

「醫生，真的需要動手術嗎？盲腸炎在日本那邊都只要吃藥就可以了，我之前也吃過好幾次……」

醫生聽到這話於是說：

「這位媽媽，妳也已經生過小孩了。就算穿泳裝時會看到一點傷疤的痕跡，應該也不會介意吧？那開三個小洞好嗎？」這是什麼牛頭不對馬嘴的搪塞呀？我本來就很會吵架，要頂回去也不是難事。可是當時已經是半夜了，又因為一連串的檢查，疲累導致我精神萎靡。最後只好被趕鴨子上架似的動了手術，然後肚子還被開了三個洞。聽周圍的人說，那位醫生好像是來台灣賺錢的韓國人。不知道是不是因為全身麻醉的關係，「在韓國當醫生賺不到錢呢……」當時醫生抱怨的話，還一直留在我的記憶裡。

也許遣詞用字直白的，不只有台灣人。不過至少台灣人會講清楚說明白。而且我覺得這種開門見山的態度、直言不諱的應對關係，讓人感到很舒服。

❋第一次見面就問「薪水多少？」、「房租多少？」

「你薪水一個月多少？」、「現在住的房子是自己的嗎？如果是租的話，房租一個月多少錢？」會這樣問我的不只有歐巴醬，就算是跟我同年齡或比我年長的台灣長輩，初次見面也是如此。在日本很少會有人這麼問，但也有可能因為我是日本人，所以大家才會比較好奇吧？從不認識的計程車司機先生、普通朋友到摯友，這些話就像日常打招呼一樣，我已經被問到完全習慣了。

一旦習慣之後，就不覺得這些問題有什麼不好。如果自己能給出答案，相對地就能夠反問對方，也算是一種有趣的資訊交流。若是聊到薪水，不僅可以吸取新知「這個業界的薪水每年都上漲啊」、「聽說某某行業在疫情中撐得很辛苦，沒想到還是有大幅成長的企業呢」。還能讀取對方的心思：那個人對自己的薪水不滿意嗎？他會不會向現實妥協接受呢？要是當事者不滿意自己的薪水，那接下來還能在對話中深入挖掘：那個人接下來會有什麼規劃？有沒有打算跳槽到競爭對手的公司？由於欠缺實證，這些對話的內容很難拿來作為資訊的依據，但如果當成小道消息聽聽，那還是滿有參考價值的。

尤其是關於房租的資訊，對我更有切身的助益。台灣的房地產價格可說已飆漲到異常的地步。相較於十年前，不動產業界的銷售總額已膨脹到二・二五倍◆。或許因為這個緣故，原本就處於強勢立場的房東愈見囂張。有時房屋租約還沒到期，結果被迫必須臨時搬遷的個人和企業房客，至今仍是屢見不鮮。在這種情形影響下，特別又碰上疫情嚴峻時期，許多歷史悠久的老餐廳只好迫於情勢關門。房地產行情對租屋族的我來說也是非常重要的資訊，因為可用它來保護我自己和親人的身家未來。

生活在政權改朝法律制度隨之更迭的台灣，我深切感覺到擁有了自己的房子後，才能守護家人和事業。所以大多數台灣人會如此理所當然地熱衷投資不動產，也不是沒有原因的，至少在過去時代是這樣。

❋ 被模仿也無可奈何

市區內很多的「〇〇一條街」，是我來到台灣之後覺得很有趣的地方。光是我家附近，就有「清粥一條街」、「寵物一條街」

◆ 根據信義房屋的統計，二〇一一年度的總銷售金額約為八千二百七十二億元、二〇二一年度約為一萬八千五百六十億元。

兩家冰淇淋比鄰開設，中間還擠著一家雞蛋仔鬆餅店。

等。只要那條街上先出現一間熱門店家，後來隔壁一定會又蹦出另一間同樣的店。這些後到業者的考量是，如果熱門店家休息或是客人排不到隊時，他們就能撈到客人。況且只要客人願意進門，他們就可以放長線釣大魚，人氣等於買氣。因為路過的人從外面看見店裡有人時，就會覺得「這間店好像也不錯」。爾後，模仿店便一家接著一家開，於是整個小區逐漸形成「○○一條街」，同時消費者也樂在其中：

「我們要不要來去○○一條街看看？就算想去的那家店公

休，還是會有其他店家做生意，單是走走逛逛也很有趣。」

連帶的，不僅外國觀光客會被吸引過來，來逛街的人也絡繹不絕。而被模仿的店，最後也只能「無可奈何」不了了之。

台灣人真的很敢想模仿就模仿，不像我天生就不是做生意的料，至今仍然遇到一點小事就緊張兮兮的。我有些朋友也往往在生意做得有聲有色時，結果自己的招數被對手學去，但他們也只能咬牙切齒的臭著一張臉說：

「唉～這也沒辦法，我們只能靠自己走下去！」

連那些年紀比我小的年輕人，甚至都有這種感覺。看來，也唯有像玩遊戲般地享受著這場模仿賽的人，才能繼續在台灣做生意吧。

❋「划算」是一件很重要的事

「划算」是台灣人最喜歡的詞之一，用日語來說也許就是「物超所值」吧！

我在經營拍婚紗照的入口網站時，發覺日本人和台灣人在購物方法上存在著一個很有趣的差異。台灣很盛行拍婚紗照，拍照時，會由專業攝影師外拍（在戶外景點拍攝照片），之後再用修圖技術調整，創造出夢幻般的浪漫照片。在製作婚紗相簿之際，新人還可以挑一張喜愛的照片，把它放大擺在婚宴會場、或是裝飾在自家臥房裡。

根據我過去調查的資料，台灣的攝影師人口占比位居全球排行前茅。由於競爭激烈的關係，婚紗照的拍攝行情之便宜，世界無處能出其右。香港方面則剛好相反，攝影師少價錢貴，因此有些香港人會飛來台灣旅行順便拍個婚紗照。

台灣人愛去日本觀光已是眾所周知。其中也有很多台灣人，想去日本各地外拍婚紗照，例如京都、北海道、沖繩等處的景點。藉由入口網站的營運，我也認識了幾位台灣婚紗照業界的頂尖攝影師。每年一到日本的櫻花季，他們就會夥同攝影團隊進駐京都，並將拍攝的內容項目等，提早至前一年進行預約銷售。據說想拍照的客人非常踴躍，預約數量瞬間秒殺。而且客人當中不僅有新婚夫婦，也有情侶指定「我要這位攝影師，幫我拍出這種感覺」。

由於他們每年都會赴日本外拍，很了解自己人會喜歡哪些風景區，因此似乎也常在某些熱門景點遇到台灣同行。每當攝影器材有問題時，大家也會互相支援。對我而言，透過技術、信任、團隊合作和人脈來賺錢的他們，真的很酷。

順便八卦一下。這些攝影師的太太，大多是專業的新娘祕書，她們也會跟著團隊一起行動。

現在讓我們回歸正題「划算」。日本的婚紗攝影價格，基本上是採用「加選項目」的金額累計方式，再追加上客人「額外的需求」。方案手冊中雖然寫著最低價「二十萬日圓起」，但如果陸續加選項目，金額也會一路不斷地往上攀升。

相反的，台灣方面卻是採用所謂的「包套形式」，也就是將「大家可能都會需要」的項目整組打包。由於以「包山包海全部只需二十萬日圓！」的形式販售，價格自然不會有大幅抬升的情況。如果又碰到「我們會自行準備禮服帶過去」，那麼包套價錢也能再打個折扣，感覺上很是划算。

我覺得通過台灣激烈競爭考驗，從中磨練出來的包套組最強。像是讓人感覺到「在這個地方也可以拍照嗎？」這樣氣氛下的攝影景點（也能在日本人喜愛的觀光景點九份拍攝）；在攝影師和造型師引導下，展現出與平日完全不同的表情；提供好幾十套禮服讓客人從中挑選……拍完之後可得到幾十張相片、有時候還能請業者把相片全部燒成一張ＤＶＤ交貨。台灣的「婚紗攝影」以一個具體化的產業形式存在，並非是結婚儀式或婚宴的附屬品，同時也充分凸顯出台灣獨有的堅強服務實力。（如果日本讀者對此有興趣，那麼我希望您來台灣旅遊時，也試著體驗一下婚紗攝影和外拍，您應該能從中感受到前所未有的滿足。）

雖然前文鋪陳的我好像在婚紗照業界當過臥底一樣，但其實我和我先生再婚時，不僅沒有辦婚宴，更別提拍婚紗照了。不過在台灣拍婚紗照有一個好處，就是結婚多年之後也一樣可以拍。因此我也打算改天找個適當的機會，攜夫帶子一起去拍婚紗照。

5

自轉軸式的工作觀

❋「三年磨成一劍」不是選項

對於工作職涯這個主題，我個人也滿有興趣的。尚在日本從事女性類雜誌和網路媒體的編輯工作時，就經常負責職涯方面的專題報導。來到台灣之後，我也承包製作過好幾家公司的求才網站，並經由此機會拜訪各個行業，進行了為數不少關於職業職涯的採訪。以前還在公司任職時，我也擁有自己的團隊，求職者的面試和下屬的考核面談等都是重點工作之一，所以從中亦接觸了不少台灣人對工作職涯的看法。

在這當中我發現一件事，台灣人似乎普遍沒有那種「三年磨成一劍」的想法。

除非他們的工作有其專業性、或者薪資優渥、或在親戚朋友開的公司上班等，否則大多數人都只會在一個職位上待個幾年，累積一些工作經驗後，再藉此跳槽到其他公司。大家的目的只有一個，轉職其他公司時能獲得待遇較好的職位，或是找到一份能累積資歷的職務。

以前我在台灣公司上班時，曾和一位剛進公司的其他部門主管聊天，當時他說：

「這家公司我可能只會待個一到兩年吧。」

聽到這句話，我嚇了一跳，於是問道：

「欸？可是你不是才剛進公司嗎？」

那位主管回答：

「我們習慣的做法或許和日本不一樣也說不定。台灣這邊的話，如果在同一家公司做久了，就有可能會被認為『巴著那家公司或職位不放』。所以大家普遍二到三年左右就換一次工作，同時順便提升自己的價值。」

周遭的同事們大都抱著這種想法換工作，會有這種情況，可能也跟我當時在資訊業上班有關。我本身在工作上就經常與編輯、設計師、工程師等合作，這些擁有一定專業技能的工作者，大多想自己獨立出來工作，不想進公司上班。如此一來，便可以自行和客戶交涉案件的內容、價格等，而且最重要的是——不必被公司綁著。

「反正就先獨立出來再說，到時候如果行不通，再找間公司上班好了。」

會這麼打算的職場人當還在公司上班時，就已經同時在思考自己將來獨立後的出路了，所以這群有上進心的人大多很可靠。

當然還是有很多台灣人會長期待在同一間公司工作。不過，會長期待下來的大部分理由是「因為工作內容和環境很好」，而非「三年磨成一劍」——苦撐個三年，戲棚下站久了就是你的。

來台灣之前，我也是那種很容易把時間和精力，全部奉獻給公司的人。但來到台灣之後，我的想法卻有了一百八十度的大轉變。無論是對自己或是對他人，我都已脫離了先前的觀念：「能長期待在某個職場工作的人才有價值」。

此外，台灣的企業老闆相當受人敬重。員工對公司有所怨言是再尋常也不過的事了。然而擔負公司營運責任的人，是不能有抱怨的。當然了，雖然想做什麼或不想做什麼，老闆都能自己做決定；可是決定後的成功或失敗，也得自己來扛。會受台灣人激賞的，絕對不是光說不練的人，而是付諸行動的人。

我採訪延攬唐鳳入閣的前政務委員蔡玉玲時，她就曾說過：

「台灣是一個很自由的地方。在台灣的社會當中，有百分之九十七以上是中小企業。所以也可以說，創業就是台灣的DNA吧。我的父母創業成立國際貿易公司，我自己是開

設法律事務所，我的大兒子則是創立了VR公司。」

即使規模小到完全無法跟人相比，但我也在台灣開創了自己的事業。**「做做看，滾動式調整就好。不行的話馬上收掉也可以。」**——身旁周遭的伙伴大都如此，不知不覺中，我也被他們潛移默化了。是的，正如那句「創業就是台灣的DNA」，我也親自參與付諸行動。

❋ 徵才面試好吃驚

台灣的徵才面試也趣味十足。

首先，求職者貼在履歷上的照片可說是多采多姿。如果是轉換跑道的求職者，大多會使用在照相館拍的照片。不過我錄用的下屬當中有一位女孩，貼了她與真人大小的櫻桃小丸子看板合照的照片，我猜想這可能是在台灣的「櫻桃小丸子展」中拍的。而且照片中的她，還開心地比著YA的手勢。女孩進公司上班後，我曾經問過她：**「對了，妳為什麼要貼那張照片呢？」**沒想到，我聽到了這樣的答案——

「因為主管是日本人呀，所以我想說，貼跟日本有關的照片會比較好吧……」

原來這是她用心的安排啊！

此外，如果是大學剛畢業的新鮮人來應徵，履歷上貼的大多是，他們大學畢業時穿著學士服拍攝的證件照。這個時候，就很難看出個人的特質。

我想每個職場上，必定都有很多關於面試的趣味話題。光我聽別人說的就有：因為下雨所以臨時取消、媽媽一起來面試（而且還反問面試官，不愧是台灣的歐巴醬，厲害！）、詢問面試動機但答案是「因為貴公司在求才網站上刊登職缺」等，諸如此類令人哭笑不得的情形。應徵正式職員尚且如此，如果應徵的是兼職人員，說不定會更讓人大開眼界吧？

✻社會新鮮人要給孝親費？

台灣大學畢業生的起薪平均是三萬兩千元（勞動部二〇二一年公布，相當於十六萬日圓），這個薪資絕對不算高。即令如此，最讓我驚訝的是，身邊很多同事剛出社會工作，就同時開始給父母孝親費。聽說他們除了平日省吃儉用之外，就算金額不多，每個月也還是會匯個幾千塊錢給父母。

而且如果住在外縣市的父母親生病住院，他們也會每個週末回家，然後花好幾個小時幫忙照顧父母或做家事。看到大家這樣，讓我這個鐵石心腸的不孝女，都不由得感到慚愧了。

台灣每逢「春節」也就是過新年時，家人親戚會齊聚一堂。此時大人會包「紅包」給小孩，連剛出生的嬰兒都有，不過基本上是交給父母。雖然小朋友們拿到很多紅包很開心，但是我一想到這些剛出社會的年輕人收入不多，但還是包紅包給我們，真是不好意思到極點。儘管如此，在台灣似乎只要一出社會，就好像得包紅包給別人。大家也異口同聲說道：**「小的時候，別人也有包給我們呀，這只是彼此互相啦！」**

由於必須包紅包的關係，所以公司過年前會不會發年終？年終有多少？此時就顯得非常重要，因為回家過年時一定得包紅包。紅包的錢包得愈多，在親戚們面前就愈有面子；倘若給不出紅包，那面子可就丟光了。因此，大家不約而同的想法都是：**「即使再怎麼討厭這個工作，但還是等拿到年終後再辭吧！」**然而對公司老闆來說，過年不但是個大失血的時節，也是個危險的時期。前者是因為要辦尾牙和支付年終獎金，後者則是有些員工在領了年終之後辭職。不過，哪位員工給多少年終，從中也能看出老闆展現的手腕。

台灣人真的很重視家人親戚，也就是所謂的「家庭」。可是與家人的連結愈緊密，承擔的負荷也就愈重。日本目前看起來，似乎正為了卸下負荷而朝向核心家庭進化中。雖然這並沒有孰優孰劣之分，但就我個人而言，還是會想向台灣人的孝順看齊。

＊尾牙和員工旅遊全家同樂！

不知是否因為家庭親情深厚，或是家族經營的中小企業占大多數之故，台灣的公司舉辦尾牙和員工旅遊時，員工家人能一起參與的情形並不少見。我自己的話，也是會帶著孩子參加我先生公司舉辦的尾牙。

台灣的尾牙當真是多彩多姿。如果是大企業，員工們多半會組團表演進行比賽。而且大家好像也很投入，例如有些企業的員工為了表演，會跟表演服飾公司租借服裝；也有一到尾牙時期，就外聘舞蹈老師來教跳舞的企業。某些台灣大企業的作法也和日本相仿，都會邀請藝人來主持或表演，並在祭出大手筆獎項的「尾牙抽獎」中，炒熱抽獎時的氣氛等。

另外還有一點也讓我很驚訝，台灣公司的員工旅遊也能帶家人同行。家人旅費的負擔方面，雖然視國內外旅遊而有異，不過大致上有以下幾種：公司也亦負擔家人的全部旅費、家人需自費、部分負擔幾成、與公司對半拆等。以前我參加公司員工旅遊去峇厘島時，就曾經看到有一大團的人都在說台灣的語言。後來才知道，原來那是台灣保險公司的員工旅遊。由於大家都攜家帶眷，因此才會一大群幾十個人聚在一起。

某些更厲害的台灣人則是到國外出差時，也會帶著家人或男女朋友一起去。他們的想法是，難得去國外出差一趟，工作前後天數的旅費我就自己負擔，然後多留個幾天。即便台灣人總愛說：**「因為台灣很小嘛！」**但我覺得好奇心旺盛的台灣人，天生就有旅遊魂！

❋一視同仁很重要

台灣有一句話叫做「有錢就是任性，形容像是有錢人公開與小三交往、過去暗中處理掉的惡事曝光等，都用錢來解決的時候。在華人圈裡待久了，真的常常讓人覺得「有錢人會做什麼事都不奇怪……」」。

話說，有位認識的公司老闆告訴我一個八卦。當時我說：**「台灣也有很多女老闆，我覺得只要有實力就能獲得錄用，是一件很棒的事。」**他聽到後，於是跟我說了下面的故事。

「啊！×（某家族經營的大企業）好像也是那樣。那位女董在公司的經營上很有才華，所以接手家業，後來也結婚了。可是，她的那個先生外遇有小三。有小三也就算了，但這麼一來，別說自己家，聽說他連公司都無法待下去。而且搞到最後，好像連小三也跑了。」

我當時認為：「**他會不會是因為在家或在公司的地位都沒了，所以才不得不離開呢？**」但那位老闆似乎有不同看法：

「**他是因為結婚之後變有錢才有小三，那都不是他靠自己的能力得來的。如果他不選女董，只想跟小三在一起，結果就只能是離開公司吧⋯⋯**」

即使對於此事大家眾說紛紜，但我從中感覺到這位老闆，並不是用「男」或「女」來評判一個人，而是以「是否靠自己的能力成功」來評斷。在聽完這一件八卦後，也促使我想跟更多的人交談藉此了解他們的價值觀。

❋ 先做再說也ＯＫ，滾動式修正就好

最近在我大兒子的小學裡，已經看不到販賣零食和飲料的自動販賣機了。

若是我小時候讀的那間日本小學，在學校裡根本不可能有喝果汁、吃零食這種事。所以一年前左右，當我看見大兒子學校裡設置自動販賣機，小朋友們能拿著自己的學生證兼ＩＣ預付卡（能使用於交通工具和便利商店）去買零食和果汁時，不由得心想：「**台灣小學也能擺這種自動販賣機呀，太厲害了！**」

由於自動販賣機撤走得太突然，我還在想到底是怎麼一回事。後來才知道，

其實機器在設置後引起了爭議：「這樣學號等等的個資，不就被ＩＣ卡和自動販賣機業者非法取得了嗎？」如果類似的事情發生在日本，我想一定會充分討論後再行設置。但沒想到，連台灣的學校機關也會先做了再說。

二〇二一年，在台灣上映的《鬼滅之刃劇場版無限列車篇》時，也發生過類似的情形。我買了票之後才發現電影分級為R12（輔導級，未滿十二歲兒童不得觀賞），於是擔心無法帶著孩子（十歲的大兒子）一起觀賞，但快要開演前卻又被改到R6（保護級），最後順利地看完電影了。

疫情期間亦是如此。政府在費用補償和提供醫療口罩等等的政策上，也是先做了再說。當社會上出現「外國人也有繳稅，也該列入發給對象才對」的聲音後，才又重新修改政策。整個社會似乎有一種「想到就做，擇日不如撞日，先做做看再滾動式修正」的氛圍。也或許氣氛如此，大家才不會有太多顧慮的投入創業，或開始一個新企畫。

當你努力去做，周圍的人自然就會一起來幫你，我自己也常受到別人的幫助。不要覺得會麻煩別人，只是彼此互相而已，大家一起分享樂趣、分擔辛苦，反正**「就先做做看吧」！**

台湾はおばちゃん
で回ってる？！

民以「食」為天

貳

1

早餐不在家吃

❋ 吃完早餐直接去上學上班

台灣人天生擁有旅遊魂，相對於總人口數，創造出了驚人的百分之七十二・五出國旅遊比率。日本政府觀光局甚至在報告書中記載：**「出國旅遊堪稱為台灣人生活的一部分。」**

其中，日本是台灣人最喜愛的旅遊國家之一。前往日本旅遊的觀光客中，台灣在近五年多來皆榜上有名、盤踞前三。觀光休閒領域的訪日回頭客，亦由台灣觀光客拔得頭籌。而且這些回頭客有高達九成的訪日次數都在兩次以上；旅遊消費金額方面，也僅次於中國位居第二。對日本而言，若說台灣人是重量級ＶＩＰ亦不為過。

然而，這麼愛去日本旅遊的台灣人卻大都表示：

「每次去日本我都要煩惱吃早餐的事。日本沒有早餐店嗎？那日本人都怎麼吃早餐呀？」

我在日本雜誌《&Premium》裡有一個「台北的早餐」專欄，已連載五年多了。台灣早餐文化豐富多樣，真讓我日日嘆為觀止。除了經典的豆漿蛋餅套餐（在類似加了青蔥的可麗餅麵糰裡，放入蛋汁等個人喜愛的食材，也可依偏好請店家附醬料），還有台式捏飯糰「飯糰」、無湯的麵「乾麵」、放入肉團子的濃湯「肉羹湯」等……種類繁多不勝枚舉。每條街也遍布了五花八門的早餐店，大家可按照自己當天的心情選擇吃什麼早餐。

有的早餐店會營業到傍晚，生意好的早餐店則多數會從清晨開到中午左右。某些店家自午餐時間或下午開始，會換手販賣別的餐飲。地方上的早餐店特色也大相異趣，拜訪這些縣市，品嚐與台北風味迥異的早餐亦別有一番樂趣（而且台灣人大都對自己生活圈內的早餐店感到自豪，同時也給予高評價。因此可以請身旁周遭的台灣人推薦，他們一定會很熱心地介紹）。

每家早餐店都提供熱騰騰的現做餐點，無論在店內享用、或外帶到公司坐在辦公桌前吃都不錯，總之感覺上就是很便利。很多單身人士的住處沒有廚房，或者即使有廚房，但購買食材自己煮有時也相對地貴，所以台灣的外食人口才會這麼多吧！

以前我曾為了採訪主題比較嚴肅的內容，早上八點左右就抵達政府部門拜訪。當時該部門的公關行政人員（歐巴醬）還問說：**「吃過早餐了嗎？如果沒有要不要一起吃？」**也有這種天外飛來的驚喜。

此外，台灣的幼稚園不論公私立，也都會準備粥品或肉包當作小朋友「早上的點心」，很多家庭也會利用那一餐當作孩子的早餐。因為父母親通常會在一家人整裝完畢後，先送小孩子到幼稚園，自己再找個地方吃早餐，然後去上班。在早上這段忙碌的時間中，如果要準備早飯、安排小孩吃早餐、清理食物殘渣和準備上班，那真的很像作戰一樣。所以台灣幼稚園的這種作法給了我很大的幫助。

日本媒體那邊曾打聽到一件趣事：**「台灣人在外面吃完早餐後怎麼刷牙？」**於是我在社群網站上問台灣網友。一問之下，過半數的人都回答說：**「早上準備上班出門時已經刷過牙了，所以在外面吃完早餐後，不會特別再刷一次。」**也有網友表示，除非是吃味道濃，或容易塞牙縫的食物，那時候才會「去公司的洗手間漱個口」、或「用隨身攜帶的牙間刷清潔」等（但據我的觀察，有很多台灣人「會在喝水時稍微漱一下口，然後直接把水吞下去」）。

由於寫專欄的關係，我連續四年多來，每個月都會去採訪早餐店。在取材蒐集調查當中，我也從側面瞭解了台灣人享用早餐的各種型態。上班前的家長帶著上學前的孩子，一如往常地坐在老位置；相約一起吃早餐再去上學的高中生；打算趁著休假吃頓相對豐盛的早餐，而在熱門店家前排隊的年輕人等。為了開啟美好的一天，大家相聚於一處的早餐餐桌，從我眼中看來特別地耀眼。

我先生的父母在他讀小學四年級時離異，所以他是由我公公一手帶大的。據說以前我公公很忙，所以通常只會給我先生早餐錢，讓他一個人在附近的早餐店吃早餐。我起初聽到這件事的反應是「你一個人很孤單吧……」但我先生卻說：

「其實我每天早上都很開心，因為只有那個時候，我才能吃我自己喜歡吃的東西。」

原來他當時吃早餐的心情是這樣呀！

台灣早餐店的店面設計，大多採用臨街開放式規劃。面臨街道的店頭部分設置調理台，後方則是店內座位區。或許將調理台配置在外，店內就不會煙霧瀰漫，客人也能入內坐在有冷氣的座位區。台灣的早餐店可能單就此類優點，所以採用這樣的設計。對我來說，這種商店與街道間的模糊邊界格外令人著迷。因為街道上總有香味繚繞，而且早餐店忙碌員工們的視線，也能顧及路上的行人。當客人走進店裡——

「跟平常一樣嗎？」

（上）口味簡單令人欲罷不能的乾麵。（下）在廟埕內也能享用早餐。

從一句言語中，就能感受到人與人之間的距離。
日本的問候語「こんにちは（你好）」，在台灣則大多會說**「你吃飽了嗎？」**
這是一種台灣人在關心他人時，藉此叮嚀對方「三餐要好好地吃喔」的台灣式表達法。一路看過來，我不禁覺得最能體現這種文化的，就是台灣的早餐店。

2

午餐＆午睡＝中午休息

❋ 午休職場不開燈

在東京出版社勇往直衝埋首工作的我，來到台灣最吃驚的是，大家真的**「不會勉強自己」**。

就拿上班時間來說，會準時打卡的人是稀有動物，遲到個五分鐘、十分鐘是家常便飯。大家進公司後也不會覺得不好意思，接著從塑膠袋拿出看似在上班途中外帶的早點，然後開始享用早餐。

「咦？不是已經遲到了，還要吃早餐？如果路上不買早餐，應該就不會遲到了吧？」

不過會這麼想的好像只有我。另外，在這當中還有一類強者，他們會先進公司打卡後，再悠閒地去超商買早餐和咖啡（這種情形在台灣似乎也很稀鬆平常）。

雖然每間公司的制度不一樣，不過我當時上班的公司，午休時間是一個小時半。吃完午餐之後，辦公室會關燈（冷氣仍然開著），接著同事們就趴在桌上睡覺。大家也都常備有趴睡枕和小毯子，以營造一個舒適的午睡環境。我負責的客戶裡有很多日本企業，因此午休時間也經常需要開會或接電話。為了不打擾同事們休息，我通常都很小心注意。比如說，若有客人來訪，我就會悄悄地請他們去會議室；要是必須講電話或開視訊會議，我也會移動到會議室裡，輕聲地與對方交談。

❋ 幼稚園持續到高中的午睡時間

台灣從幼稚園到高中為止，學生的作息時間裡一直都有安排午睡，於是午睡自然也就成為大家的習慣了。而且台灣十八歲以上的男性必須服兵役，在服役期間，這種習慣似乎又更被強化。我先生也是不睡午覺不行的人，如果他中午吃過飯後沒有午睡，腦筋就會轉不過來。

那麼有了這午睡習慣，大家是否會在上班時間像被附身一樣的珍惜一分一秒努力工作呢？——其實不一定。當然，以最佳效率工作的仍大有人在，然而上班時間使用通訊軟體聊天、掛在網路上看新聞和臉書的人還是不少。同事之間也常揪團買點心以及魚類生鮮等食品，或者互相詢問：「**有沒有人要喝珍珠奶茶～**」叫飲料外送等。

典型的日本人大都有工作狂傾向，我可能也是其中之一，因此像我這種人就會覺得：

「**進度已經落後了，可是大家又不加班，這樣工作能如期完成嗎？**」

然而台灣的經濟還是運作的相當順暢。因此我最近開始有一種想法：

「**若有一家企業的運作，前提是得靠員工經常加班，或是繃緊神經逞強工作的話，那麼或許這個事業體的設計，本身就已經有錯誤。**」

3

注意食物的「溫身／冷身」

❋ 紅豆水消水腫 v.s. 洋蔥汁治喉嚨痛

在傳統中醫思維根深蒂固的台灣裡，很多人都有「不可讓身體變冷」的觀念。無論是男是女、或年紀比我小很多的都是如此。像飲料中不加冰塊喝常溫的作法，我也已經完全習慣了，而且這樣對身體確實也比較好。偶爾回去日本，看到人家端來的開水中放滿冰塊時，我甚至會從心裡升起一股「寒意」，可見得我的台灣化程度之深。

尤其女性的生理期間，更不可讓身體受寒，食物的選擇也要特別注意。這個時候，大家會刻意不吃西瓜、梨子等讓身體變冷的水果，並且避免食用像白菜之類的蔬菜。

台灣的香蕉好吃便宜又很好買，因此無論是大兒子或二兒子，我送他們去保母家時，都會經常讓他們帶著香蕉。但是保母說：「香蕉是冷的食物，小孩子若有咳嗽，就不能給他們吃。」而且咳嗽時也不能吃火龍果。

相反的，荔枝和堅果類就很容易「上火」，也可能會因此導致流鼻血或晚上睡不著。所以保母總是幾近囉嗦地交代：要注意，不可以吃太多。不過，用洛神花煮的洛神花茶，或用多種藥草熬製的青草茶等，一般都是可以降火的。此外，若身體有水腫的現象可以喝紅豆水消解，喉嚨痛時也能飲用洋蔥汁緩解等。諸如此類的生活小智慧，大家幾乎都如數家珍。

在台灣這個也不能吃、那個也不能吃的飲食規矩，有時真的很令人頭痛。於是，我當下會祭出一支擋箭牌——「外國人」，以一臉不太好意思的模樣表示：「我是日本人，所以對這個不太清楚……」，然後一邊吃著我的東西。

雖然我也沒立場反問別人啦！但不是應該不要讓身體變冷才對嗎？可是大家卻又很愛吹冷氣、刨冰也如同國民美食、珍珠奶茶明明加了一堆冰塊仍有人每天喝。我不是愛挑毛病的人，但也不想在飲食上步步為營，我寧可隨心所欲地享受自己喜歡的食物就好了。

4

生理期必需的鐵質

❋ 滿滿紅豆湯的電鍋

在台灣一起工作的女性同事和下屬們，不管是應屆畢業生也好還是公司新人也罷，大家都很理所應當地請生理假，只差沒把這跟一般請假「是兩碼子事」說出口。見到女性同胞們如此，我自己若逢生理期不適，也不再勉強自己了。況且，只要表明「我現在那個來了」，無論是同事或是交往過的男朋友們，都會送上熱可可和巧克力來慰勞我。此時，生理期專有的「鬱卒～」也會自然而然得到紓解，所以我便恭敬不如從命地接受了大家的好意。

家人也是如此。只要我生理期一來，先生就會為我煮紅豆湯。因為紅豆富含鐵質，是公認最棒的生理期補鐵食材。再加上台灣每個家庭似乎至少都會有一台「電鍋」，我先生就是用它來煮紅豆湯的。然後我會把那一大鍋紅豆湯拿來當作好幾天份的早餐或點心。不知是否因為看到了爸爸的貼心，所以孩子們也有樣學樣。我生理期來的時候，他們還會拿件毯子讓我保暖，對我格外地好。給予生理期中的女性特別優待，在台灣已是司空見慣的日常。

夫婿曰：**「媽媽的幸福，就是全家的幸福。」**所以最近我也開始光明正大的放假休息了。

以上我想強調的，絕對不是我處於生理期時有多享受。只是如果有女性同胞在日本，因為請生理假而感到愧疚或在別人面前抬不起頭，那麼我希望妳們能以此為基石：**「在這個世界上，還是有位日本女性會在生理期時寵愛自己，所以或許我也該對自己好一點。」**並改變自己的觀念，這也是我寫這篇文章的唯一目的。

我藉此想傳達的重點是，至少要能坦白地對身邊的人說：**「我不舒服……」**讓對方確實知道「原來你現在不舒服呀」。我後來也認為，若是有女性同胞會對同為女性的人說：「我不會不舒服，所以妳應該也不會不舒服才對。」或者「這種不舒服大家都會忍耐，所以妳也必須忍耐。」等等，那麼我想這種社會並不健康。

此外，對平日裡總是注意身體不要受寒的台灣人而言，「生理期或懷孕時不注重保暖，簡直是豈有此理！」所以同事們有時只要看到還在生理期的我，咕嚕咕嚕地喝著傳說中會降低體溫的咖啡，便會一臉不安嘀咕：**「雖說日本的文化跟我們不太一樣……」**。如果剛好又看到我明明處於生理期，卻仍喝著冷冽的冰啤酒，她們也會再次傻眼：**「也是啦，因為她是日本人呢……。」**

4

吃素人口逐年攀升

❋ 吃與不吃坦然主張

日本的菜食（Vegetarian）在台灣寫作「素食」，而且提供素食的餐廳實際上也多元進化，從一般的餐飲店（多為自助餐式的便當店）、輕食咖啡廳、到大型自助餐廳都有。由於真的很美味，我自己不僅經常去吃，採訪這些餐廳時也樂趣無窮，因為全都是我不知道的事。例如我在採訪時聽到：**「現下的趨勢，開素食餐廳可比開一般餐廳好做得多。」**由此可見，素食在台灣應該很受歡迎。

台灣會選擇吃素或吃純素的人原本大都基於宗教信仰因素。不過現在也有愈來愈多非素食主義者，因為注重健康、友善環境等理由，而選擇每週數餐吃素。還有部分出身農家等的非素食者，是不吃牛肉的。因為他們的想法是，牛是和自己一起耕田種稻的伙伴，長久下來就像家人一樣，所以不可以吃牛肉。

「自己和別人不一樣是理所當然」，已深植在台灣人的價值觀裡，因此他們也會在跟別人用餐的時候公開表明自己吃與不吃的食物。所以餐廳或咖啡廳為了迎合素食者，自然亦備有素食餐點。前些日子去採訪一家企業時聽說，他們公司有每週一天「素食日」的規劃。每逢此日，只要在員工餐廳購買素食便當，即可獲得一點；而且集滿十點以後，還能獲得一餐免費便當。

除此之外，台灣也有「因為許願暫時吃素」的民間習俗。我有一位下屬就為了祈願父親手術成功，而吃了一段時間的素食。當我透過社群軟體看到下屬在父親手術順利成功後，很開心地在Costco買肉的模樣時，我還記得連我都鬆了一口氣。

很多人因為自身的價值觀選擇吃素，據我所知唐鳳就是其中之一，我身邊也有不少素食者。此前因為身體健康的關係，我偶爾也會選擇吃素。不過在接觸這些價值觀當中，我似乎對「吃肉」的態度也開始有了潛移默化的轉變。有一年夏天我暫時回日本老家探親，在家烤ＢＢＱ時，順便錄下了烤肉滋滋作響的美味畫面。然而，我後來卻猶豫到底該不該上傳影片，結果最後還是選擇不上傳。沒想到在台灣生活之後，竟會給我的「肉食」觀念帶來如此深刻的影響，當時連我自己都不由得感到吃驚。

6

餐飲業很賺？只要成功就是有錢人！？

❋ 聽說好吃就去試

台灣人對吃很講究，不管走到哪一定會有吃飯的地方。像我們辦公室裡就經常充滿了某種食物的味道；外面的大街小巷也總是飄蕩著美味的香氣。

某次我和媽友們帶孩子去外縣市的動物園玩，為了預防去到當地沒得吃，我在行前先捏了飯糰帶過去。但除了我以外，每個人都很理所當然的在當地購買（大家已預先調查好當地的美食資訊）。有趣的是，因工作前往外縣市採訪也是同樣的情形。我還記得早上出發時，車內已備好訂購的三明治餐盒；而中午和晚上則被招待享用在地美食。感覺台灣在用餐時間的分配上，似乎安排得特別長。

我還在日本工作的時候，也經常參加媒體採訪團。然而行程就只有排定用餐時間，給人一種「請大家在此時段自理用餐」的感受，所以吃飯也只好草草了事，有種整天不停在工作的錯覺。所以我覺得台灣人真的很重視用餐時間。

可能因為對食物的無窮探索欲、抑或是天性喜愛「嚐」新，大家的好奇心特別地強，「只要一聽說有好吃的東西，總之就先去試試看」。因此台灣餐飲業界的競爭非常激烈，然而一旦成功，成為有錢人就似乎再也不是夢想了。

告示單上寫著「本店因員工旅遊休息五天」。一位看似上班族的小姐來到店家前面，見到告示後說：「真好，員工旅遊耶～老闆一定有賺錢！」

某些攤販和小吃店，雖然在觀光客眼裡看來一點都微不足道，但也絕對不能小覷他們。假如有朝一日爆紅，老闆一家就會接二連三地買下店面附近的土地，搖身成為當地的大地主，而且這種例子台灣各地都有。

由於我在日本雜誌有專欄連載，所以會去採訪台灣的早餐店。拜訪這些熱門店家時，不少老闆都表示：**「我們很喜歡日本，每年都會去日本二到三次。」**當下我總會調皮的笑道：**「比我這個日本人還常去日本耶！」**然後也順便表達感謝的心意：**「謝謝你們來日本。」**

台灣的傳統早餐店多由自家人攜手經營，只要大家時間合拍，立即休店飛去旅行也算「台灣常有的事」。即使大部分的店家都沒事前預告休息，但也不會有人為此生氣跳腳。

❋ 明星乾拌麵流行中

台灣的餐飲業是個多彩多姿變化快速的行業。這不禁讓人聯想到，台灣發明的珍珠奶茶，或許就展現了這樣的特質。在珍珠奶茶已完全融入台灣人生活的今日，仍有不少新口味陸續推出，例如在珍珠裡摻入黑糖或加進芋頭等。而且主要配料除了珍珠之外，還有仙草凍和愛玉凍等各種食材。另外，從飲料的甜度、冰塊的數量等都能靈活調整來看，也充分凸顯出台灣人的作風。

最近在台灣藝人當中，掀起了一股「乾拌麵」自創品牌風潮。其熱賣的程度，套句我餐飲界朋友的玩笑話：**「現在沒有不賣乾拌麵的藝人。」**乾拌麵的生產廠，也會配合各支品牌調整麵的種類和醬料，以求做出差別化。受惠於這波大流行，每一間生產廠的口袋都賺飽飽，據說營業額還破億。日本藝人自創的品牌，一般多以服飾或化妝品為主。相較之下，會創立品牌「賣乾拌麵」，應該就只有飲食文化豐富的台灣始有可能吧！

縱使台灣的餐飲業商機無限，但僅以家人親戚、周遭朋友熟人為銷售對象，並且不講求營利的農家和食品加工廠，仍是為數不少。這些產品的種類遍及各個食材領域，例如鮮甜的高山高麗菜、發酵食品、以及家傳的調味料等。有部分商家的情形是，「原本是做來給家人和自己用的，因為其他人也來拜託，所以就一併製作」。例如我愛用的芝麻油，就是一群媽媽「為了孩子們，想使用安全的油品」，在這樣的想法下投入製作的。

除此之外，台灣也有類似日本的「生協（生活協同組合）」，由消費者營運的合作社組織。唐鳳的母親長久以來就與元老級的「主婦聯盟（台灣主婦聯盟生活消費合作社）」關係甚深。一般而言，這些合作社重視的是台灣的自然和農業，以及自己和身邊人們的健康，亦即所謂的「永續性」，而並非將焦點放在「營利」。

7

屬意昔日小吃
無關飛黃騰達

❀ 巷子文化

台灣人口中的「媽媽的味道」，我認為有兩種：一是，養育自己的父母親或親戚煮的飯菜香。另一是，住家附近巷子裡，自己常去的那家小吃店的味道。

每次和台灣人一起吃飯時，大家都會說：

「這個味道也不錯，但我老家附近巷子裡的那家店煮得更好吃。那家店的味道才是台灣第一。」

他們總是覺得自己從小吃到大的味道，才是最棒的！

經營這些小吃店的老闆，也很重視自家店面所在的巷子。有一位精明能幹、年齡遠比我小的男老闆，之前已經開了好幾家知名餐廳，某天他又開幕了新店面，而且還是在大車站附近主幹道的黃金地段。我稱讚說：「這個地點很優呢！」他於是答道：

「只要仔細觀察台北街道，大家就會發現，無論在哪個車站附近，都有像星巴克、便利超商等這些固定班底。在大企業連鎖店的盤踞下，整座街區的特色也因而逐漸淡化。我就是討厭這樣，所以才想挑戰看看，雖然我的店很小。」

另外也有一位開早餐店的年輕小姐表示，她本來在外商廣告公司打拼，但「對於自己熬夜工作賺來的錢沒有留在台灣，而是匯往國外一事感到困惑」，於是她便下定決心，要開一家迎合外國人喜好的台灣特色早餐店。

我覺得這些台灣年輕人，正努力地創建各區域的巷子文化。每當近距離接觸到他們義無反顧的熱情──「我們的社會由我們自己來創造」，我的胸口總不由得熱血翻騰，自責的念頭同時也盤旋腦海中。我自問道，自己是否能抱著同樣的心情來為日本社會做出貢獻。

熱愛巷子美食的不只有年輕人。我剛從日本來到台灣時，曾因為一件事感到驚訝。那就是連社會上功成名就的有錢人，也會理所當然地去某條巷子裡的攤販或小吃店用餐。即使這些店家不見得會熱情待客、也稱不上很衛生乾淨，但只要他們覺得好吃想捧場，他們就會持續去光顧。

就拿台灣最具代表性的國民美食——「滷肉飯」來說好了，使用哪個部位的肉、鹹甜調味、米飯的軟硬度等，每家店的味道都各有擅長，所以大家也都因為自己的口味，而各自有偏愛的店家。於是很自然的，「你喜歡哪一家店？」就很容易成為聊天的話題。有一次跟朋友聊到這個話題時，朋友告訴我：

「我之前曾在報紙的美食專欄，看到一位公司老闆兼知名美食家，在文章中提到基隆廟口夜市裡的滷肉飯。看了文章之後，我自己的感想是，廟口夜市裡的那家滷肉飯味道也還不錯，但其他還有很多地方仍有一樣好吃的滷肉飯。於是我猜想，一定是那位老闆年輕時，剛從鄉下來到基隆吃了那家滷肉飯之後，覺得『好吃！』的印象至今還深刻地留在他的記憶中吧。」

聽了朋友的這段話之後，我深思了一下，覺得這種事也不無可能。縱使自己在社會上已占一席之地，但無論吃過何種美食，依然比不上食慾旺盛的年輕時期，自己從口袋裡掏出銅板付錢的那碗滷肉飯，在心中留下的深刻記憶。我也認為，台灣各個地方的每條巷子中，必定都有一家對人們來說，彷彿是記憶珍寶的「巷子裡的小吃店」。

8

台灣人的味覺真纖細！

❋一辣四口味

我在台灣採訪餐廳、或是有提供台灣茶和咖啡的店家時，總會對自己味覺的遲鈍和語彙的欠缺甚感苦惱。主要原因是進行採訪時，我會直接聽取主廚和老闆們的談話內容，這些內容原本就有深度，我的中文程度不好當然也是原因之一。不過大前提是，我感覺台灣人的舌頭是不是比我的舌頭，天生就更能感受味道的微妙變化呢？

單只是辣，常用的竟然就多達四種：「甜辣」、「鹹辣」、「麻辣」、「酸辣」。而且台灣人的感覺是：「起初嚐到的是甜辣，不過咀嚼之中又能感受到麻辣，最後湧來的則是酸辣。」他們還會用「層次」，來表現這種感受。由於談話內容也會漸次發展成「某家店的麻辣會有麻痺感」、「那家店的甜辣裡的甜味，是使用新鮮蝦子炒出來的」……。在他們追根究柢自己喜好的味道當中，也一併展現了無窮盡的強烈好奇心。

他們對化學調味料也很敏感。只要一吃到摻有化學調味料的食物，如隨後「感覺舌頭有點刺」的時候，便會用水漱口。

台灣茶又是另一個深奧的世界。其中，我對「回甘」始終都很感興趣。如同字面之意「折返的甘甜」，這指的是茶水初入口時感覺微苦，但滑下喉嚨後，甘甜的餘韻會在口中散開來。有趣的是，並非每種茶都會有這種「回甘」的感覺，這也可說是品味台灣茶的樂趣之一。每當喝完茶步出茶館後，「回甘」繚繞於口中時，能感受到那種細膩味道的體會不僅令人愉悅，還想更進一步探究台灣茶的世界。

雖然我很羨慕台灣人的生活裡，有如此美好的茶飲文化，然而另一方面，卻聽說台灣人很喜歡日本茶文化中的「侘寂」概念。品味台灣茶時常用的語詞「一茶一會」，好像就源自於日本茶道領域中的「一期一會」。對台灣人或對我來說，這或許就是一種外國的月亮比較圓的感覺吧?

9

密技：「只要好吃 天涯海角人才都回來」

❋ 防止人才外流的祕密計畫

我透過採訪認識了台菜餐廳「My灶」的老闆昌正浩，他不僅是台灣人公認的美食家之一，同時也是一位熱愛台灣小吃又滿有人情味的人。台灣最具代表性的小吃滷肉飯，主要特色是「好吃、便宜、快速」三者兼具。不過由於昌老闆的餐廳是以難得的繁複程序精心製作，因此他所提供的是精品級滷肉飯，一碗要價九十元（較平常價格貴兩倍）。為了這一碗別處難尋的滷肉飯，餐廳除了湧入國內外客人之外，深厚實力的培育，也讓餐廳成為米其林指南「必比登」名單中的常客。

每天早上到處去吃喜歡的早餐店，亦是昌老闆在經營餐廳之餘的日程。有時他也會帶著像我一樣的媒體工作者，或是自己的好友熟人一起去吃，為了傳達並且持續守護著台灣驕傲的飲食文化精隨——「小吃」。我和在台灣擔任文字工作者的片倉真理前輩、田中美帆前輩三個人，就曾與昌老闆一起去吃了幾十次的早餐。某回早餐，我們還一連吃了三間專門賣魯肉飯的店，吃到肚子都快撐破了。看著飽到不行的我們，似乎很滿足的昌老闆說道：

「不一次吃起來比比看，是不會知道其中微妙的差異吧？」

昌老闆好像也很常飛出國，四處去品嚐知名餐廳。然而不管口中吃的是多麼高級的料理，結果他的心，或許仍舊被台灣小吃緊緊栓住吧。

「不管在國外吃了多麼有名高級的料理，對我來說的『好吃』，其實是我舌頭它自己保留的記憶，就是只有在這裡，才能吃到的這個味道。」

說著，昌老闆滿心歡喜的張口吃飯大口嚼麵。

看著昌老闆開心的模樣，讓我想起了初次與唐鳳見面，請教她問題時她所說的話。雖然台灣高階人才外流也稱得上是舉世之冠，在我身邊很多台灣朋友們，仍覺得台灣是有「希望」的。所以我很好奇，唐鳳的信念是什麼？然而唐鳳的回答卻遠遠出乎我的意料之外。

「外流，不是很好嗎？我覺得持續下去也無妨。我們台灣人先在美國創業，如果之後

覺得台灣有合適的環境，他們還是會再回來的。屆時回來的不會只有一個人，還會帶著伙伴們一起回來。人才交流是一件很重要的事，所以不可以阻止要去國外的人。台灣沒問題的！我們有很多好吃的東西（笑）。」

確實如此，台灣人當真以食為天。我和台灣人在一起時，就從來都沒有餓過肚子。

寫到與台灣有關的文章時，總是不得不提到飲食，所以最後總是寫得落落長。但我也沒辦法，因為台灣人的作風就是「安心啦！先喝杯茶，吃點好吃的，然後再繼續聊」。

台湾はおばちゃん
で回ってる？！

在台灣懷孕生產

參

1

抬頭挺胸 多珍惜自己

❋ 擺脫「忍耐的詛咒」自由自在

我在台灣懷了大兒子和二兒子，而且他們倆也都是在台灣出生的。有過這種經驗的我，想要向日本社會傳達一件事——「是不是應該要更加珍惜我們的女性同胞？」除了在女性每個月的生理期之外，還有準備懷孕時、懷孕中、生產時、以及生產之後等的每個階段。因此才會想藉著書寫文章，說明我為何懷有這種想法。

這篇文章並不是要誇獎「台灣有多麼地好」，只是我感同身受日本人的忍耐習性「因為其他人都忍耐」，結果周圍的人也不得不跟著忍耐；或者「為什麼只有我做不來，真丟臉！」因而有意無意地掩蓋了自己的不安和精疲力竭。

來台灣之前，我也跟大部分的日本女性同胞一樣，有類似上述的傾向。事實上來到台灣之後，我還是持續被那種觀念束縛著。然而在台生活邁入第十二年並且與台灣人再婚後，今日我才感覺到，自己已從束縛中解放出來。基於此，我打算全力發揮多管閒事的「雞婆歐巴醬」精神，分享我的領悟：「**隔壁的台灣這麼疼惜女性同胞，所以我也應該對自己好一點吧！**」以敲開日本女性同胞們的心扉，希望大家能轉變觀念。

❀ 平日晚間開課：給爸爸參加的「媽媽教室」

首先，台灣的婦產科除了接受懷孕婦女的產檢之外，也經常開辦「媽媽教室」。媽媽教室主要是教導新手媽媽，有關分娩和照顧新生兒的知識，我在大兒子出生前曾去過一兩次。不過當時的我幾乎聽不懂中文，於是沒自信的猶疑道：「**就算我去了，也聽不懂她們在說什麼呀……**」聽到我這麼說，媽媽前輩們便推了我一把：「**生寶寶的時候也會用到中文吧？所以趁現在先習慣比較好。**」並且提醒我：「**去媽媽教室主要還是交朋友，學習知識倒是其次。**」所以後來我才決定去上課，反正也是免費。

課程的上課時間安排在平日晚上，我到了現場之後吃了一驚，因為來的不只有新手媽媽。教學內容明明是「產後注意事項」和「分娩呼吸法」，但幾乎所有的新手媽媽都有新手爸爸陪伴在側。據說上課時間之所以會如此規劃，目的就是為了讓爸爸們下班後來參加。

台灣男性會如此熱心參與，我覺得原因可能來自於，重視家庭的台灣文化和價值觀。女性生產的瞬間，即代表家族重要繼承人的誕生，很多年輕人的生產費用也因此由父母親代為支付。不過「出錢的人最大」亦是台灣常有的事，比如說要在哪一間醫院生、是自然產還是剖腹產等，畢竟這對家庭來說也是一件大事。

❋ 產後住院隨侍陪睡的先生們

還有一件事也讓我很吃驚。台灣的先生會在醫院過夜，陪在產後住院的太太身邊。

我生了大兒子之後，沒住到原本希望入住的單人房，而是在雙人房住了三天。雖然途中換了一組鄰居入住隔壁床，但無論哪一對夫妻，先生都向公司請假全日陪在太太身邊。先生們會睡在太太床邊的陪睡床，照顧太太身邊的一切大小事。寶寶從嬰兒室來房中喝完奶，他們也會幫忙拍嗝、哄寶寶睡，接著再將孩子送回去。先生們的陪伴生活也不算輕鬆，他們不僅會幫妻子按摩以利子宮收縮，還會去買妻子的點心或洗滌衣物等。我本來以為僅止如此而已，但居然還瞧見他們有時晚上也敲著筆電的鍵盤工作，或跑到房外講電話等。

最先跟我同室的那對夫妻，在住院期間特別照顧我。大兒子剛出生時很會哭，日夜不分地哇哇大哭，然後小臉紅通通地被送來房裡，結果還把隔壁夫妻的寶寶吵起來。但他們總是笑著安慰我說：**「沒關係啦！妳也很辛苦。」**

我住院時一直都只有我一個人，那時也不會說中文，所以即使有內線電話從嬰兒室那邊打過來，我也只能拿起話筒說：**「對不起，我聽不懂……」**因為對方說什麼我完全不了解，話筒也就這樣擱著了。總之，我整個人就是心慌又疲累至極。

再加上乳汁分泌不足的關係，導致大兒子有新生兒黃疸的現象。雖然之後我能夠出院了，但孩子仍然必須繼續住院，接受照光治療照射藍光。

在心力交瘁下，隔壁床太太又比我早一天出院，這種狀況更讓我惶恐不安。不過臨別之際，她與她的先生寫了一張中文標註英文的「發奶食物清單」給我，並送我一瓶她們推薦的豆漿。此外，雖然那位太太的母親用筆談跟我說：**「我女兒是律師喔！」**可是我完全不明白那是什麼職業，還誤以為她女兒是鋼琴的調音師，可見我當時的中文程度有多糟糕。

前述雖是題外話，但仍有後續故事。

隔壁床太太給我的「發奶食物清單」和她們推薦的豆漿。

我和這對夫妻當時雖然有互加臉書聯繫，可是在生產之後的我拼命朝著單親媽媽的道路前進，況且也對自己的中文沒有信心，所以就沒連絡了。後來我與台灣人再婚生了二兒子，一次因緣際會下我在臉書上寫說：**「電動擠奶器好像很好用耶～」**沒想到我不但跟那位太太借到了電動擠奶器，而且也和這對夫妻一家人重逢，雖然已經闊別了有七年之久。

「近藤小姐，妳住院時從頭到尾都只有一個人！」雖然他們如此說，但我對當時幾乎已經沒有什麼記憶了（我只記得，那時心裡明明知道哭也沒有用，但仍然不停地流淚）。不過現在，相差一天出生的孩子們在我眼前快樂地玩耍，而且也能跟照顧過我的這對夫妻道謝，還介紹了現在的先生給他們認識；我想所謂的幸福，必定就是這一幕光景吧！

後來生二兒子的時候，我住的是樂得兒產房（縮寫是ＬＤＲ，意指從陣痛、生產、產後立即觀察期均在同一個房間），所以我先生和大兒子也能在旁陪著我，一起迎接二兒子健康地來到這個世界。這一次我不僅能用中文跟醫生和護理師溝通，先生和大兒子也陪在我身邊，我不再是孤單一個人生產。**「我希望這個世界上有愈來愈多的女性，都能和我一樣在滿溢著幸福中臨盆。」**——我當下的心願，今日依舊記憶鮮明。

2

生孩子的犒賞
——台灣式產後護理「坐月子」

❀中醫漢方調理，更年期快樂過

台灣的產後護理真的很棒，會有這種看法的肯定不只有我一個人。我甚至覺得，只要在台灣生產過的女性同胞們，任誰都願意舉薦。

日本媒體最近常報導台灣的產後護理文化，因此日本方面知道的人可能也很多。不過我想更進一步廣為傳達的是，在台灣不僅「不會有人責怪」媽媽們產後要好好休息，還會「大大地鼓勵」她們休息。

台灣前衛生福利部長（相當於日本厚生勞動大臣）兼中央流行疫情指揮中心指揮官陳時中，在競選二〇二二年底舉行的台北市長選舉時，就曾提出坐月子津貼的相關政策。因此，我想把台灣在這方面的價值觀——「不用勉強自己忍耐，產後的工作就是休息」推廣出去，希望日本未來也有愈來愈多的媽媽們，可以在產後好好地休息。

台灣式的產後護理稱為「坐月子」，讓媽媽們能在產後一個月左右的期間裡充分休息。我想這個概念，大概與日本的「產後恢復」有異曲同工之妙。

不過其中與日本的相異點是，台灣的產後護理以中醫的觀點為主軸，例如：不能吃喝生冷的食物、避免外出、不能洗頭、每日食用「麻油雞」之類的藥膳湯品等。雖然先人傳下來的規矩很多，但一般認為在此期間內只要確實遵守，日後進入更年期時就會比較輕鬆。我跟家母那一輩的歐巴醬聊天時，她也曾多次耳提面命：「**妳要好好的做月子。我當初就因為坐月子沒科學根據，所以選擇不做，結果現在後悔莫及了。**」

台灣早期的「坐月子」，好像是待在自己家由產婦的母親照料，不過近年來坐月子已發展成服務業之一。孕婦們在進入懷孕穩定期後，即會開始具體思考要如何度過產後的這一個月。她們通常會趁著肚子尚小行動還方便時，前往多家坐月子中心參觀，或是面試月嫂、試吃配送到府的月子餐等，可說行程滿檔非常忙碌！

3

和飯店一樣舒適的「產後護理之家」

❋ 三種台式產後護理服務

大家或許已經聽說過，台灣式的產後護理無微不至，其中的服務主要有下列三種：

①「產後護理之家和月子中心」：在宛如飯店般的設施中，接受全方位的照護。

②「產後月嫂、月子保母」：經驗豐富，到府照護服務。

③「月子餐」：產後護理專用飲食，宅配到家服務。

我覺得台灣式的產後護理中，服務最周到、住起來最舒適的，就屬「產後護理之家」。選擇入住這裡，以犒賞自己生產辛苦的女性人數激增。有些護理之家也建立起了自己的品牌，若名人曾入住過，預約更是早早告罄。

生產後的媽媽們必須住院，如果是自然產需住三天，若是剖腹產則需住五天左右。媽媽們出院後可選擇回自家坐月子，或直接轉進產後護理之家等，基本上後者較多。此外，某些醫院也附設有產後護理之家。一般為期四十二天的產後恢復期裡，基本上媽媽們會在產後護理之家住上約兩週至一個月左右。

❋ 產後護理之家的主要服務內容（筆者個人）

- ◆ 以中醫理論和營養學調配「月子餐」，一日提供五餐（三餐＋點心＋「麻油雞」等藥膳類湯品）。
- ◆ 照顧寶寶的護理師，採全年無休二十四小時輪班制。若媽媽希望哺乳時母嬰同室，護理師也會把寶寶帶到房裡來。寶寶的睡眠、喝奶時間以及排泄狀況等，全部都會留下記錄。
- ◆ 不附屬於醫院的產後護理之家，仍有合作醫院的婦產科和小兒科醫生巡診。新生兒黃疸等檢查，也能在該設施內進行。

- ◆無論何時前往嬰兒室，皆能透過玻璃窗看到寶寶的模樣。依照每間產後護理之家的設計，某些房間還可以透過監視器觀看。
- ◆亦提供按摩、洗頭等服務（費用另計）。
- ◆定期舉辦育兒相關知識的媽媽教室以及產後瑜伽課程等。
- ◆先生可一同入住（某些產後護理之家也能讓年紀較大的孩子入住，但這種情況就無法母嬰同室，需哺乳時會另行安排至哺乳室）。
- ◆如訪客於探視時間來訪，可在公共區域的會客室接待。

在我生完大兒子和二兒子之後，也分別入住過不同家的產後護理中心（生二兒子時，還聘請了下一節內容會介紹的產後月嫂）。

早在知道預產期後的半年前左右，我便打算預約入住產後護理中心。可是大兒子出生那一年，剛好是被視為吉祥的龍年。由於龍年生子熱潮之故，產後護理中心也恭逢其盛，我甚至預約不到自己想入住的房型。當時可說是切身體會到，龍年生的孩子自誕生那刻起就是競爭的開始了……，華人圈對於博得好彩頭的熱情還真不能小覷。

產後護理中心的居住環境非常舒適，有護理師們二十四小時幫忙照顧寶寶，讓我得以充分休息。這裡與醫院不同的是，由於設施內也規劃了接待訪客的會客區，所以無論是生大兒子還是二兒子的時候，都有許多朋友前來探視我。回到自己家之後總是比較忙亂，現在回想起來，我在那裡比較能夠平心靜氣的說話。訪客也能隔著玻璃參觀嬰兒室，而且護理師只要看到我帶朋友前往，便會隨即抱著孩子過來，讓朋友隔著玻璃看寶寶。總而言之，這真的是一段轉眼即逝的愉快休息時間。

生大兒子的時候，我面臨的事物不但都是第一次，同時也一無所知。而且以我當時的語言能力也無法充分表達自己的意思。即便如此，產後護理中心的服務人員們仍然細心照料，我的心情因而穩定了許多。

與產後護理中心合作的醫院，每週會有小兒科醫師定時前來巡診三次。我原本以為大兒子的體重沒增加，是因為自己乳汁分泌不足的關係，諮詢過醫生之後，才了解原來是黃疸復發之故。「這孩子最近怎麼一直在睡覺？」我當時的育兒知識也是屬於嬰兒級，經醫生解說後才明白孩子一直睡覺是因為黃疸所以體力不足的關係。如果只有我一個人在家裡照顧小孩是絕不會想到這一點吧！而且用來判斷新生兒黃疸的膽紅素值檢查，只要在設施內抽血，然後外送至合作的檢驗機構即可，我不需要再抱著孩子跑去醫院。無論是產後護理之家或坐月子中心，並非單只是個豪華的住宿休息環境，也能在各方面提供必要的支援，對產後的媽媽們助益甚大。

（上）房間布置的像飯店，讓媽媽們得以在此充分休息。
（中）送至房內的餐點和點心，皆由營養師設計。
（下）會客區。這是生完二兒子後，入住的產後護理之家。

接下來是大家好奇的費用。我二〇一一年生大兒子時，住宿價格普遍一晚大約自五千元起；二〇一九年生二兒子時，一晚大約是八千元左右。這其中的落差，來自於台灣的房價飆漲和通膨。縱使如此，我在產後護理之家不但能專心休息，還調養成了像乳牛般的發奶體質。

提到母乳，台灣這邊好像還有一種習慣。媽媽們如果有母乳過剩的情形，會將這些剩餘的母乳拿來做成手工皂，並且分送給親朋好友。有位不是很熟識的朋友，就曾經送了我許多個。母乳手工皂對皮膚溫和是很好沒有錯，可是要使用由不認識女性的母乳製作的手工皂，我仍然相當猶豫。而且我本身也就算了，讓自己的先生使用其他女性母乳做的手工皂，台灣的太太們心裡不會覺得怪怪的嗎？雖然我覺得頗不可思議，但母乳手工皂在台灣似乎是個無價又珍貴的禮物，坊間甚至有母乳手工皂的製作教室和代製服務。

4

「產後月嫂」經驗豐富到府照護

❋女神般的月嫂

在日本年號即將從平成改為令和之際，二兒子在二〇一九年一月誕生了。上小學的大兒子，因為學校和才藝班等生活作息已大致底定，很難與我一起入住產後護理之家。然而，若只有我一人入住，我先生和大兒子也就得不時前來探望我，如此來來去去真的有點麻煩。多方考量之後，我們決定聘請親自到府照料寶寶和媽媽的「產後月嫂（或稱月子保母）」。聘請期間共計二十七天，月嫂的工作時間是九個小時，自早上八點半～下午五點半為止（不過由於老闆招待的關係，我另外還住了十天的「產後護理之家」）。

結果這個決定完全正確。我和家人在家不僅過得比較輕鬆，月嫂也為我與寶寶建立了共同生活的基礎。由於二兒子晚上不睡覺，在那段半夜也得辛苦照顧他的日子裡，我總是想著：「只要到了早上，月嫂就來了。」然後不睡覺硬撐到早上。等到月嫂來了接手後，我便直接回臥房倒頭爆睡。對剛迎接新生兒到來的媽媽而言，睡眠時間不但是所有精力的來源，也能創造珍貴無比的體力資本。如果無法好好地睡一覺，那麼不管是母乳、體力，甚至是對家人的溫柔，都是擠不出來的。所以當早上電鈴聲響，月嫂踏進家裡時，我眼裡就像看到一位女神。

❀ 產後月嫂的主要照護內容（筆者個人）

- ◆ 新生兒哺乳、沐浴、更換尿布等照料。
- ◆ 新生兒護理（臍帶消毒，以及按摩和手腳運動等輔助）。
- ◆ 新生兒照護之相關建議。
- ◆ 媽咪的產後護理（例如：易分泌母乳的按摩和建議等乳房護理、有助於子宮收縮的按摩、補充營養的飲品烹煮、擦拭身體用的生薑水製作）。

◆清洗媽咪與嬰兒的衣物（洗滌、晾乾、折疊。嬰兒的衣服是手洗）。
◆清掃產後護理居住的房間、廚房和浴室，客廳每週打掃兩次。
◆為媽咪及家人烹煮餐點（每日三餐與兩份藥膳點心）。
◆備餐採買食材（此項目由我先生購買，沒有麻煩月嫂）。

上述是產後月嫂派遣公司契約中的服務內容。光是如此，我就已經覺得無微不至了，不過實際來家裡服務的月嫂，還好意地幫忙用餐後的清理，並一起洗滌家人的衣物。我爸媽原本特地從日本來幫忙產後家裡的事情，結果無事可做很是得閒。兩位老人家於是難掩驚訝地說：**「本來想來幫忙的，但這樣沒關係嗎……」**後來兩人便相偕到處去觀光台灣。月嫂也很高興看到大兒子愛親近她，還為我爸媽煮了幾道台灣菜，她說：**「難得他們特地從日本過來。」**

月嫂們的坐月子知識總是最新的，一是她們本身就經驗豐富，二是每天專門在照護嬰兒和產婦。這些知識極具參考價值，所以我也把她們的建議視為專家意見。若是詢問家母相關的問題，總是很容易得到這種答覆：**「我生妳的時候就是這麼**

做的（＝幾十年前的舊資訊）」、**「我已經不記得了」**等。產後的情緒原本就比較浮躁，如果此時被自己的母親說教，通常會很容易發怒；若對象是婆婆的話，又會有所顧慮，所以也很難開口麻煩人家。就這點來看台灣人似乎並無不同，據說這也是月嫂之所以炙手可熱的原因。

由月嫂、我先生和我三人組成的 LINE 群組裡，可以看到主要負責採買的先生和月嫂，就食材和飲食的事進行討論。

夫：「市場有賣蓮子，要買嗎？」

月嫂：「一斤（一台斤＝六百公克）一百五十元左右的話，買起來也可以。不過東西再怎麼好，如果要花一百八十元以上，就先不要買。」

除了諸如此類滿是生活感的對話以外，還有——

夫：「可以讓弥生子吃冰嗎？」

月嫂：「不可以吃會讓身體變冷的食物。」

被斬釘截鐵地拒絕了。在旁觀戰的我不由得笑了起來。

或許因為我是日本人的關係，所以認為是優點也說不定。能跟著月嫂認識許多台灣獨有的食材和中藥材，我覺得收穫非常的大。托月嫂的福，我自己後來也會煮藥膳養生茶了。

月嫂烹煮的菜餚。運用家中現有食材快速烹煮上菜，味道非常美味。

每天我都會喝使用多種中藥材熬製的「養肝茶」。

大家關心的費用方面，如果是我委託的那家派遣公司，一天工作九小時是兩千二百元（含休息一小時。基本上週日公休）。若是二十四小時的住宿式服務，一天是三千二百元（含休息兩小時）。

產後護理之家等類似設施的費用，每日大約需六千到八千元以上不等，聘請月嫂只要一半的價錢。但仍有很多地方無法單純進行比較，例如食材的開銷需另計、入住設施有小兒科和婦產科醫生巡診等。

此外我還聽說一件事。台灣方面需求比較高的，是提供二十四小時住宿式服務的月嫂。這也不難理解，因為生產後回家開始與新生兒一起生活時，有神隊友般的月嫂陪在身旁照護，那真的就像打了一劑強心針。我若遇產後心情焦躁時刻，在月嫂的陪伴下，也比較不會對先生發脾氣。所以月嫂對我們一家子來說，是個非常加分的人物。

月嫂最後一日結束工作臨別之際，我淚眼汪汪的跟她說再見。來我們家幫忙的月嫂不僅很搶手，好像也很忙碌。那時她幫我坐完月子之後，聽說未來半年的預約似乎也已經滿檔。現在二兒子三歲了，但每逢季節更迭等時期，我們都會互相聯絡，她偶而也會來家裡玩，真的是一個很念舊的人。

有「平民燕窩」之稱的白木耳湯裡放滿了蓮子。

❋月嫂也去國外出差

嫁到國外的台灣女性，例如距離比較近的日本，她們若是回老家生產還能就近入住「產後護理之家」等設施。但如果嫁到美國、加拿大等，對孕婦來說移動可能會造成負擔的遠距離時，很多人似乎都會請月嫂出差前往當地。

出差國外的月嫂們，會從台灣攜帶大批中藥材和食材過去，並入住產婦的家中為她服務。出國幫忙坐月子的費用與在台灣國內不同，收入似乎很豐厚。我認識的一位月嫂就曾出差去杜拜幫忙做月子。等工作結束，她還在當地度過了一個豪華假期，爾後也分享照片給我看。

提供坐月子服務的月嫂，以前大多由過了壯年期，想按照自己步調工作的女性擔任，也就是所謂的二度就業。不過聽說最近也有不少三十多歲的女性積極地投入這項工作。我試想之後覺得，這真的是一份非常自由的職業。不但能在工作上累積一定的專業，還可以拒絕不喜歡的案子，甚至能休一個月的長假等。而且工作上的知識和經驗，也對自己生寶寶時很有幫助。

做家事很蹩腳的我則完全不適合這份工作；但如果有人喜愛做家事、照顧寶寶並且樂在其中的話，那麼這真的是一份完美的職業。

5

產後護理專用飲食「月子餐」宅配到家

❋兼顧排毒營養恢復產後身材

月子中心準備的飲食和月嫂居家烹煮的餐食，是一種稱為「月子餐」的產後護理專用餐飲。日本方面，最近好像也成立了多家產後照護設施，但我認為日本與台灣在產後照護上的關鍵不同點，應該還是在於「飲食」部分。

台灣式的產後護理，會提供基於中醫理論和營養學的「產後護理專用飲食」。如同日本老生常談的說法，生產是女性「一生中最好的排毒機會」。台灣的產後護理會把握這個黃金時期，徹底重塑女性的體質。這恐怕也是「月子做得好，更年期會更快樂」成為經驗談，流傳於台灣民間的原因吧！

這些飲食的菜單設計，在於力求產後初期即能馬上進行體內排毒，並注入充足營養以重新恢復身體。食材的烹調則盡量不使用鹽，而是用薑來替代，這種作法是為了溫暖身體避免受寒。此外，幾乎所有的飲食，都能幫助分泌優質母乳；有引起食物中毒疑慮的生食，或可能導致乳腺阻塞的食物等，全都不會列入菜單中。

台灣的產後護理專用飲食也有宅配到府的服務。例如某些媽媽們與家族同住，家中不缺人手，可是除了家族的餐食之外，還得再額外製作一人份的月子餐，很是不便，因而選擇宅配服務。

宅配到府的月子餐，不僅有產後護理之家製作配送，也有專門做月子餐的業者烹煮提供。配送次數分為一次運送一日份，和按三餐分次運送。餐食除了主打美味之外，食材的安全性、使用無毒容器盛裝等，也都是月子餐的賣點。每一家業者都會提供媽媽們一餐約需數百元的付費試吃餐點，媽媽們也可藉此挑選喜愛的業者。

6

日本人來台治療不孕症

❀ 多數為了卵子捐贈

台灣的少子、高齡化比日本還嚴峻。根據二〇二一年CIA（美國中央情報局）公布的預測指出，台灣的總生育率（即每位女性一生中生育孩子的平均數）為一・〇七，據說這在調查的兩百二十七個國家與地區中敬陪末座（日本是一・三八，排名兩百一十八）。為此，台灣政府也積極的制定實施相關方案，例如推出不孕症治療補助等。

不孕症治療的風氣在台灣相當興盛，從定期去中醫診所看診改善體質，到接受最尖端的醫療等，各種治療途徑都有。我在台灣生養孩子之後，很自然地注意到，生活周遭有為數不少的雙胞胎或三胞胎。聽說這是在進行不孕症治療的體外受精時，取出多個卵子使其受精後再植入子宮的結果。

特別是台灣於二〇〇七年制定了「人工生殖法」，因此日本方面尚停留在臨床研究階段的「胚胎著床前染色體篩檢」等，在台灣是能進行檢測的。也由於這個緣故，聽說有很多日本人會專程從日本來台接受不孕症治療（多數為了卵子捐贈）。我身邊也有多位日本女性表示，她們在台灣做過不孕症治療，看來日本人在台灣治療不孕症已不足為奇。

台灣方面提供不孕症治療的婦產科診所，似乎也積極地招攬日本客人。例如，這些診所會聘請日本員工、官網上的資訊也有日語網頁。以前也曾經有治療不孕症的台灣婦產科診所來委託我，希望我幫他們寫業配文。不過，一來我本身沒接受過不孕症治療，二來我也不想寫醫療類的宣傳文章，因此當時便謝絕了。然而當下我也從中隱約地看見一個事實，無法在日本國內被滿足的醫療需求，現在正由台灣扮演接收者的角色。

❋ 不生孩子的意外理由是？

如前述所提，台灣方面正苦惱於嚴重的少子化，縱使如此，仍有人選擇「不生孩子」。一般認為，會做此選擇的最主要原因是「經濟上的擔憂（薪水不漲）」和「房價高漲」。即便台灣政府也每年加強經濟援助，不過實際上除了經濟因素之外，據說考量到環境問題而做此選擇的人也很多。

我的朋友裡，就有人選擇不生小孩。他是台灣的公民黑客之一，在一家企業擔任工程師的工作。同時，他也會利用自己私人的時間，熱心地幫忙解決社會問題。

他當時工作的企業是我認識的工程師所任職的ＩＴ公司。我知道他的工作很繁重，所以帶點直白又好奇地問了他一個問題：**「工作應該就很累了，為什麼連私人的休息時間，都要做這麼累的事？」**他回答說：

「我雖然已經結婚了，但我太太是個不想生小孩子的人。我自己有時候也覺得，如果將來要在這個氣候暖化中的地球上過得很辛苦，那我們還是不要生小孩會比較好，不過我仍然會想為這個社會做點事。」

自從我在台灣生活之後，遇到過有這種價值觀的人，他並非是第一個。但這也凸顯了台灣在這片土地上多元發展的社會。

「儘管我們不想生小孩，但我們也不會去否定你們選擇要生小孩。」在台灣是能以這種方式進行對話的。我也在這個氣候暖化中的地球上孕育著自己的孩子。因此我也認為我們必須採取行動，不要讓整個地球變得愈來愈難以居住。

台湾はおばちゃん
で回ってる？！

肆

經歷單親媽媽歲月攜子再嫁台灣人

1

雪國中的單親媽媽

❋ 離婚前即偽單親

我實際辦理離婚手續是在二〇一三年的冬季。在自序中也稍微提過，我後來離開台灣，隨前夫遷居到日本長野縣白馬村一帶，手續就是在那個時候辦理的。順應前夫的希望，我們倆後來離婚，我也成為了一個單親媽媽。當時心想，懷抱著一個不滿兩歲的襁褓嬰兒，今後的我該怎麼走下去才好。

當初來到台灣不久發現自己懷孕後，我們夫妻之間就已經處得不好了。我生大兒子時，更形同是個單親媽媽。當時的我，若想起從懷孕過程，一直到生完孩子之後的事，就只能感到絕望。離婚後我打起精神，也曾前往老家茨城縣水戶市的政府就業服務處 Hello Work 謀職，但就服人員表示，那附近沒有什麼工作機會能讓我發揮所長。

在東京的編輯前輩們，從社群媒體得知我的情況後便問我：**「要來我們公司工作嗎？」**然而，考慮到編輯工作常需要加班和出差，因此覺得不要給人添麻煩就好，更別提要有所貢獻了。我先前曾在白馬村的度假村飯店擔任過約聘員工，正當我為工作煩惱得不知所措時，飯店老闆表示：

「妳們母子倆一下子去到東京過單親家庭生活，不是會很辛苦嗎？我這裡能讓妳在一年之間有『穩定的收入』，以及『配合孩子作息的上班時間』。妳就先待在一個能安心的環境，好好地思考將來要怎麼做，並且重新調整自己。等妳找到方向了，這邊的工作妳隨時都能離開。之後不管妳要去東京、台灣、還是留在白馬村，都照妳自己的意思做就好。如果妳要去東京，那麼我希望這邊的廣告宣傳，妳能夠以遠距工作的方式來進行。總而言之，我希望大家今後仍然可以一起工作，所以我想支援妳。」

爾後，老闆與各位管理主管開會，重新又讓我進飯店工作。他們如此幫忙我，我真的是感激不盡。

於是，我就在這個雪國中成為了一個單親媽媽。

離婚，僅只是個手續的辦理過程而已。但如果不辦理，我就無法申請單親補助。為了保住我和大兒子之後的生活，我必須和前夫詳談協調，彙整協議離婚的內容並取得公證書。於是我白天上班，晚上哄孩子睡下後，便開始忙碌協議離婚的事前作業。

離婚手續辦完後，接下來必須盡速處理的事情還有：把補助金匯款帳戶和信用卡的姓氏全改回原本的姓。由於當時仍無法在線上辦理手續，我只好向公司請假，託人照顧大兒子，然後從長野縣遠赴位在東京的受理窗口辦理。當時不但給周圍的人添了麻煩，我自己在精神上和體力上也撐到了極限。

「我不是在離婚之後才成為單親媽媽的。我在離婚之前，早就已經是偽單親了。」每當大學院校邀請我去講授離婚、單親母親等課程時，我都會反覆地跟大家強調這一點。

當時飯店老闆寄給我的信件中，有些話我至今依舊十分珍視。

「朋友或周圍的人，不會像家人一樣幫我們解決所有的事，
但大家多少都會伸出援手。
有困難的時候彼此互相幫忙，
所以妳不用客氣，如果還能厚著臉皮那就更好了！」

2

選擇再次來台生活的理由

❀ 無比渴望的環境

此時，前台灣公司老闆夫妻又提供了一個工作給我，於是我開始考慮是否回台灣。白馬村這邊的人也對我很好，但和剛滿兩歲的大兒子，初次在這個冬季大雪壓境的長野縣生活，真的是相當不容易。

在日本大家都是這麼過生活的，妳怎麼就如此不認分？——諸如此類的指責，我甘願承受，但我仍想接著敘述後續發展。

繼續待在日本生活的話，我不僅能領單親媽媽的補助，或許偶爾還能從老家那裡得到資助。若遇緊急事件也是說日語即能溝通。縱使如此，台灣依舊牽動了我的心。要是來台灣，我不但無法請領日本方面的補助，也不適用一般台灣人可申請的育兒等津貼，而且能夠依靠的家人和親戚，也全都沒有。物價上雖然比日本便宜，但薪水也不高（這是多年前的事了，現在台灣物價已經上漲）。就算這樣，我還是十分渴望台灣的「友善育兒環境」。

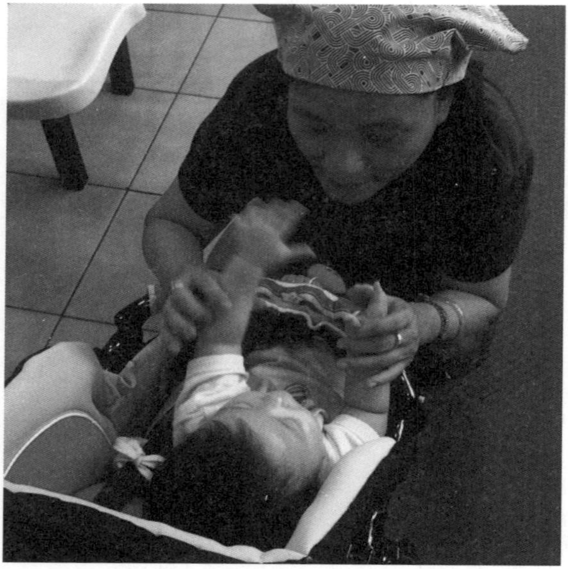

這位歐巴醬在我常去的餐飲店工作。她一邊看店一邊逗著大兒子玩，我便趁著這個空檔趕快吃飯。

對始終單獨撫養孩子的我來說，大兒子出生後，我們一起在台灣度過約一年半的時間裡，我總能在這個環境中感受到幸福。在台灣，大家把孩子視為「國家社會的寶貝」，他們幾乎不會受到排斥。雖然因為時間場合而有異，但不管是高級餐廳、公司的團體活動等，帶著孩子前往幾乎都沒問題。假使孩子耍性子哭鬧，大家通常也是微笑以待，少有人會擺出臭臉。這就是我認知的台灣人。

不像日本的家庭式餐廳或速食店那麼不近人情，在台灣帶著孩子無論去到哪裡用餐，都能開心地與孩子一起吃飯。例如：餐飲店裡的員工（大多是歐巴醬）通常會逗著我大兒子玩，並且對我說：「趁現在妳就慢慢吃吧。」某次吃飯還發生了一件趣事。我帶著六個月左右的大兒子去吧台壽司店用餐時，坐在隔壁的歐巴醬說：「好可愛的嬰兒，我可以抱抱他嗎？」然後就接手抱過去。沒想到大兒子就這樣流轉在各位客人之間，巡迴店內一圈約莫二十分鐘後，又再度回到我身邊。

❋總聽到「單親很了不起呢！」

我還待在日本的時候，只要對周圍的人表示「我是單親媽媽」或「我們是單親家庭」，多數人的反應都是「很辛苦吧」，不然就是「很抱歉，問了不該問的事」。相對於此，我在台灣撫養孩子遇到同樣的場面時，雖然並非全部，但幾乎所有的人都回應道：「**好厲害喔！**」而且不會對大兒子說：「好可憐喔……。」台灣人的回應大抵是：

「你媽媽很厲害耶！雖然不太會說中文，但還是隻身待在台灣工作養孩子呢！你也要乖乖聽媽媽的話，幫忙媽媽才行喔！」

或者是：

「你也很努力很棒喔，好聰明的孩子。什麼？日文和中文都會說呀！那真的很厲害呢」

無論是在醫院、餐廳、才藝班、搭計程車……等各個場所，大家在知道我的情況後，多少都會提供一些折扣或協助。

況且我已經是大人了，即使聽到別人說「好可憐」，也不會對心理造成影響，因為「那或許是你個人的想法，但我不覺得自己可憐」。可是我會擔心大兒子。

人是會隨著環境改變的，這是我的親身體會。還在東京工作時，如果我在地下鐵看到有人不排隊，一股火氣立即冒上來。但來到台灣生活以後，若遇到有相同舉動的人，我只會覺得「原來也有這種人啊」、「是因為累了嗎」等，已經不會去在意他們了。另外，諸如餐廳的服務態度不佳、咖啡廳出錯餐點等，我也只會想「唉，反正就是這樣」，並不會再特別生氣了。

已經身為大人的我都尚且如此，何況是年幼又仍不懂自律（不受他人的控制和制約，僅按照自己認知的規範行動）的大兒子，他受到來自環境的影響應該就更大了吧！假使他聽到別人說：「好可憐喔……」那麼，他會不會把別人的意識「原來，我很可憐呀」，反映在自己的想法中呢？

倘若大兒子的身邊都是大而化之的台灣人，不會太去介意小事，只看著我勇往向前的身影，又同時身處於會對小孩子說：「你很棒呢！」的環境中；我覺得大兒子的人生會因此活得更加分。

「我想讓大兒子和我自己，生活在一個能感受到多一點幸福的環境中。」

認同我們自己的人生，是我選擇重回台灣生活的理由。接下來，為了證明這個選擇是對的，我只有放手一搏努力不懈。

❋下一次會更好！

重新回歸原本的台灣職場，使用原姓氏製作名片再度出發時，其中最讓我驚訝的是周圍台灣人的反應。相同的情形若發生在日本，大概會有「妳還好嗎？一起出去喝個幾杯抒發心情吧！」很多這樣的邀約。然而在台灣，大家卻勉勵我：「妳很勇敢，下一次會更好！」

真好！感覺真的很好——忘記背後，只管努力向前跑。兒子呀，你也要抓緊媽媽，可別掉下去囉！——就是那種心情。

回來台灣之後，為了能當一位自立自強的單親媽媽，於是我選擇在公司內部創業。事業自己規劃，員工自行僱用。而且由於業績也是我在扛，所以倘若賺不到錢，那別說是員工了，連自己都拿不到薪水。因此當時的我，幾乎天天背水一戰。

工作與生活也和此前一樣，大兒子每天跟著我去公司上班，公司的會計助理小姐兼保母會幫忙照顧。午休時，我就帶他一起去吃午餐。下午的話，我依舊回到工作崗位，大兒子則與保母睡午覺或玩遊戲。日子一天天的過去，忽然驚覺，孩子居然已經三歲；所以從隔年秋天開始，大兒子就要去上幼稚園（台灣的新學期從九月開始）了。屆時，我終於也能結束帶孩子上班的日子了。

3

社會上有更多伙伴了

❀ 走吧！去上台灣的幼稚園

二〇一五年秋天，大兒子開始去台灣的公立幼稚園上學了。台北市的公立幼稚園學費非常便宜，僅需私立幼稚園的三分之一到四分之一左右。但也因為如此，入學就讀大多採用抽籤的方式進行。特別是小班，一班學生的人數原本就設定得比較少，所以入學如同擠窄門。雖然我那時抱著姑且一試的心情參加抽籤，卻沒想到能在四分之一的錄取率下抽中！我當場想都沒想，高興得在教室中跳了起來，最後還自己一個人哭了。

大兒子一上幼稚園，午休就成了我的自由時間。我不但可以休息，也能挪來開會或工作。開心之餘，同時也感覺到大兒子放開了我的手，起步走上自己的人生道路。我不禁要深思，之前像戰友般地拉著我的那雙小手，「在他離巢之前，我能否提供足夠的資源給他？」於是我強烈地希望，自己有能力可以給他——經濟穩定的生活、接受更好的教育——許許多多我必須為他做的事。

很意外的，大兒子開始接受台灣的教育之後，對我的工作也產生了正面的效果。老實說，我起初和台灣人並肩工作時，常常覺得：「他們為什麼會這樣？」其中最明顯的地方是，無論分配新工作或時值考核面談，他們總是要求：「請給我一個方向。」對於這種「被動」，我那時不但覺得不可思議，如要坦白說，還令我很煩心。

然而當我看到大兒子，在幼稚園接受的是「輸入式」教育——就照老師說的做；於是明白台灣人的被動，可能來自於所受的教育方式，也發覺這是整個教育結構上的問題：

「原來如此，如果是接受這種教育，自然會有如此的表現。」

領略了這一點之後，不僅深化了我對台灣人的看法，單親媽媽身分如同一副「腳鐐」的想法也由此改觀了。瞭解在地人的習慣和價值觀於市場行銷工作上是一個非常大的優勢。總是處於被動狀態的下屬雖然很困擾，但我後來認為，針對這一點再進行教育即可。

而且我當了媽媽之後，看見這些台灣年輕人，就覺得他們好像是自己的孩子。工作上的事自然是要教導他們的，不過連他們的日常飲食我也不由得擔心。例如我會親手做便當給下屬，那孩子離家北上就為了來我們公司上班。有時候我也會帶著下屬一起去吃他們的家鄉菜。如今回顧以往才發覺，即便我當時來台時日尚短，但儼然已發揮了雞婆歐巴醬的特質。

❋ 迷人又自由的幼稚園老師

公立幼稚園的老師們為人都很熱心，讓我感覺到與我一同扶養大兒子的伙伴在短時間內增加了不少，心裡也因此覺得踏實許多。在無親無戚的台灣獨力撫養孩子的我，此時身心也剛好撐到了極限。

幼稚園的老師們，大都很可愛迷人又自由開放。

某天早上，我送大兒子去幼稚園上學時，看到級任老師（年輕小姐）打扮得非常漂亮。她平時明明總是一臉樸素，但那天臉上的妝化得特別美，而且還穿著迷你裙。

「老師今天跟平常很不一樣呢！」

我笑道。

「被發現了♡因為今晚有約會呀～」

老師笑容燦爛的回答，那模樣都快把人融化了。

還有一次我跟一位資深的老師聊天時，發現我們都會去同一家麵包店買東西。那時老師問我：

「那家麵包店現在有集點活動喔！雖然加入會員得花一百塊錢，不過變成會員之後，買東西可以有一些優惠。妳有加入會員嗎？」

我答說自己沒有加入會員。老師一聽到，便建議我結帳時報她的會員號碼，如此一來就能使用會員價格購買。那樣做似乎不太好……還在遲疑的當下，老師又表示她自己也可以累積點數，對彼此都有好處。這如同可愛版雞婆歐巴醬的分享，使我承擔不住她的熱情，便懷著感謝的心使用老師的會員號碼了。

除了幼稚園的新伙伴之外，在朋友的介紹下，我也開始去一家ＳＰＡ會館按摩。由於老闆娘是獨力撫養三個孩子的單親媽媽，所以對我們母子倆非常地好。她總是提供我們使用大間雙人芳療室，讓大兒子可趴在另外一張床上看 YouTube，同時等我做完療程。每回老闆娘在我疲累不堪的身體上施以深層舒服的按摩時，我都不禁覺得「只要有她的按摩，不管多累，每次我都能夠再重新復活過來」。

後來老闆娘知道我再婚了，也為我感到非常高興。她說：「**反正我也不穿了。**」給了我一件性感洋裝。我生二兒子時，她又送了許多二手嬰兒服。

這些生活裡的人事物，都讓我有見微知著的感受。而且不管去到何處，能夠馬上找到歸屬的那種感覺，真的也很棒！

經歷
單親媽媽歲月
攜子再嫁
台灣人

4

帶著孩子能再嫁？

❋監護權多歸屬父親

我待在台灣一點也不覺得孤單。當時雖然是單親媽媽，平日的生活總是很忙，但從日本到台灣的距離很近，所以經常有日本友人來找我玩。

可是，即使當下過得很開心，我對將來的擔憂卻未曾減少過。某一次我從台灣朋友那裡，一位撫養女兒的單親爸爸，聽到了一個驚人的事實：

「我們台灣人離婚時若是有小孩，幾乎在所有的情況下，監護權都是會歸給父親的。我自己也是如此。」

欸！等、等一下，這是怎麼一回事？正當我驚訝到眼白都翻出來了，朋友繼續說道：

「台灣人把小孩視為『家的繼承人』，所以很看重小孩子。女孩的話，原本長大後就會離開家裡嫁給別人，因此某些情況下，一般認為父親這邊不拿監護權也沒關係。我則是無法想像自己得和女兒分開，所以孩子就由我來撫養。」

他這番話雖然說得一派輕鬆，但其實這位朋友是企業的負責人，平常工作很忙碌，因此女兒主要還是由他母親在照料。我來台灣生活之後，也見過很多撫養兒子的單親媽媽；曾經遇過的男性中，也有是單親媽媽撫養長大的。所以這究竟是怎麼一回事呢？我連忙問道：

「你的意思是說，像我一樣帶著兒子的單親媽媽，在台灣非常少囉？可是我來到台灣後，也見過很多這樣的單親媽媽呀？」

「我想應該是父親方面有什麼無法撫養的苦衷吧！」

他的回答就像在說，這不是只要想一下就知道原因了嗎？讓我一時語塞。

「社會民情不一樣吧……。不過這麼一來，我帶著兒子要在台灣再婚，不就會變得很困難嗎？」

縱使啞口無言，但我仍擠出氣息，最起碼得把我的想法轉換成問題丟回去。

他回覆道：

「嗯～這確實也是有可能的。假使對方是長子的話，若跟帶著孩子的女人結婚，那別人的孩子之後又會成為繼承人。況且有的時候，家人和親戚說不定也會反對。就算對方不是長子，但是對男人而言，妳的兒子將來會成為他自己的對手。」

跟他的談話記憶就到此為止。他之後還說了些什麼我已經不記得了。

5

計程車為何總不為我停

❀ 緊急手術住院

此後幾年，我在友人的介紹下認識了一位公司老闆。跟他交往了大約兩年左右，因為我帶著孩子的關係，最後我們還是沒結婚。那年我三十五歲。

「都已經是最後機會了，這輩子我不可能再婚吧！」

「雖然對方拿妳帶著孩子來當藉口，不過我在想，弥生子作為一個女人，會不會是妳本身就沒有女性魅力？如果妳無法讓對方忘了妳帶著一個孩子，那要再婚就很渺茫喔！」

幫我介紹的友人（比我年長的日本男性）都這麼說了，我也只能接受這個事實。

台北的冬季總愛下雨。在下雨的日子裡，我帶著大兒子又提著大包小包，想招輛計程車坐，但計程車總不肯停在我的前面。當時心想，自己的人生充滿著不順遂。

而且當我察覺時已經陷入了危險關頭——盲腸炎併發腹膜炎，在急診做完緊急手術後就直接住院。

「慘了，肚子痛到連走路都有問題……」

我下了班接完大兒子後立刻前往附近的診所就診，結果醫生說：

「如果盲腸破裂會非常危險，妳現在馬上坐計程車去急診！」

於是我兩眼掛著淚、手牽著大兒子，兩人一起出發去大醫院。

照了兩次X光、兩次斷層掃瞄、加上抽血，一連串的檢查做完之後，已經是半夜十二點了。隨後緊接著打全身麻醉，醫生準備動緊急手術。檢查當中，我感覺「自己的情況愈來愈不妙」，於是開始通知工作上的相關單位，並聯絡公司的保母，麻煩她來接大兒子。

手術結束並全身麻醉消退，醒來時大約是凌晨三點。由於急診室的床位不夠，所以隔天晚上我就出院了。然而我的身體卻幾乎動彈不得，迫不得已之下，只好讓大兒子寄宿在朋友家。大概有五天左右，他就輾轉在各個朋友家流浪。雖然朋友們也幫我接送大兒子的幼稚園上下學，但我住院的時間剛好和公立幼稚園的暑假重疊。這段期間大兒子就讀補習班，補習班老闆夫妻還不跟我收這五天左右的費用。

老闆夫妻知道我們是單親家庭，因此堅持說：

「我們不會跟妳收錢啦！」

平日裡，我算是深刻體會「台灣人＝生意人」了。但生意人竟然不收錢！我驚訝之餘，也衷心感謝他們濃厚的人情味。

不過，放心也僅止於片刻之間。在我行動比較方便之後，就去帶大兒子回家。可是他變得極度害怕獨處，而且還非常認真的問我說：

「如果媽媽死了，那我一個人要怎麼活下去？」

因為我臨時生病的關係，結果害得大兒子當時異常地恐懼。最後別無他法，我只好帶他去附近的警察局——

「你就多加油自己一個人走到這裡，後背包裡面有寫日本阿公、阿嬤的電話，所以你就請警察先生幫忙打電話，阿公、阿嬤會從日本來接你。他們到達台灣之前的這段時間，警察先生會保護你的，所以你什麼都不用擔心。」

我盡我所能這樣解釋給大兒子。

❋小時缺憾，反饋他人小孩

盲腸炎併發腹膜炎動緊急手術時，我和大兒子住在沒有廚房的套房。這種房間是台灣常見的租房格局，將整層住家重新裝修，隔成好幾個房間後再出租。

雖然沒有廚房，但房東說可以使用電鍋或電磁爐，只要沒有明火就行了。因此平日裡，我大多只會烹煮一些簡便的飯菜來吃，或是去附近的餐飲店簡單解決一餐。

當時我和大兒子的身體經常發生狀況，於是我猜想，這必定是營養失調、免疫力下降的關係。經歷了手術和住院之後，我在深刻反省下，最後決定要搬到有附設廚房的房子。

我們家的垃圾是由一位歐巴醬幫忙處理，她會從指定地點把垃圾運送去垃圾車。我們去跟歐巴醬打招呼說之後會搬家，她那時不但鼓勵我：**「加油！妳是個盡責的媽媽。」**並且還買了香腸給大兒子當零嘴。

就像這樣，我總是在周圍人們的幫助下，辛苦勉強地把大兒子拉拔長大。不過在這些幫助我的人當中，也有很多人因為感同身受「自己也是單親媽媽」、「我也在母子單親家庭中長大」而格外善待我。由單親媽媽撫養長大的人看見我和大兒子，有時會輕聲嘆道：

「我媽媽以前也是這樣帶大我的吧……」

看到他／她們私底下的另一面，我的心海忍不住激盪澎湃，同時心裡也對他們的母親充滿感謝。

某位從小父母離異由阿嬤撫養，年紀比我小一輪的男生，有一天帶我們母子倆去逛當地的夜市。他不但請我們吃大餐、出錢給大兒子玩戳戳樂、買玩具和冰淇淋等給他，回家時還叫計程車送我們到家。

歐巴醬鼓勵我們「加油！」，她送的香腸大兒子也吃得津津有味。

「我小時候沒人為我做過這些事，所以想讓小朋友體驗。」

雖然他言詞平和口氣溫柔，但只要一想到他小時候的心情，我的心海不禁又再度翻騰。

6

「錢再賺就有，妳的心最重要。」

❋ 家裡有廚房了

我在找有廚房的租屋處時，也因為是單親家庭而獲得很多人的幫助。

當時工作的公司位於台北１０１的信義區，這裡屬於台北市內後期都市開發地段，因此房屋的租金也比較貴。由於大兒子年紀尚小，所以我希望租屋處能盡量接近公司和幼稚園。然而若依照我的需求和預算，在信義區內幾乎找不到如願的房子。

幸虧有房屋仲介公司幫忙，我們母子倆才得以入住比預期更好的房子。房子距離公司和幼稚園很近，只要騎腳踏車就能到達，而且家裡也有廚房和閣樓。

每當我晚上哄大兒子睡下，想要繼續工作時，對聲音很敏感的大兒子，又會被我敲打電腦鍵盤的聲響吵醒，因此我一直都很希望家裡能有間閣樓。這間房子位於大樓內，一樓不但有二十四小時輪值的管理員，垃圾也只要拿去大樓內的指定地點即可。對單親家庭來說，再也沒有什麼能比這個更令人安心的了。

我簽了契約之後才知道，在信義區的大樓租屋市場裡，這間房子算相對地便宜，因此各家房仲的競爭也很激烈。聽說房東越來越不接房仲業務員打來的電話，而且也利用各家房仲出價的方式拉抬租金。

據說我當時委託的房仲業務員，在跟房東交涉時還說過這樣的話：

「我不會跟你（房東）收仲介費，但我希望你能讓近藤小姐第一個看房子。」

就因為有這句話的緣故，讓我得以搶到頭香入內看房子，然後一路順利地租屋簽契約。不過我是在簽完約後正要離開大樓時，才曉得這件事的。原來她是抱著這種想法在幫我找房子的啊……知道這件事後，我的淚水止不住地滑下來。於是女房仲溫柔的笑道：

「錢再賺就有了啦，最重要的是妳能夠幸福呀！我也是單親家庭，一個人把女兒養到大學畢業，所以想要幫妳。第一次見到妳的時候，我心裡就想幫了；而且我覺得房東只要看到妳，當場就一定會簽約。」

「錢再賺就有，妳的心才是最重要的。」

這是我待在台灣生活後，大家對我說過無數次的一句話。當時的我有如懸崖邊的人，但那次的搬遷，卻忍不住讓我對未來充滿希望——今後我的生存目的，就只要想著如何讓大兒子幸福就好。何必去管計程車肯不肯停在我前面，我就一直招手，招到有車願意停下來為止。光只是佇在原地也無濟於事。

7

埋首工作之後……

❋ 腳下踉蹌總是身處黑洞中

為了給大兒子「心理上的安全感」與「盡量不抹滅可能性的教育」，我在經濟上有必要更加穩定——斷然下定決心的我，漸漸地淹沒在工作中。如今的我已不太能夠清楚說明當時的情況，但那種感覺就像，我愈是努力，來自周遭的逆風就愈強。

「如果忤逆我，我可是會讓妳在台灣活不下去的哦！」

「現在道歉，我就原諒妳。」

說這話的不是別人，正是與我同樣的日本人。令我咬牙切齒，用握手代替回答的情形也不是沒有。可是我的立場就頹然處於下風了，也會讓自己陷入一種過度自我貶抑的低落。

近來，我讀了精神科醫師中井久夫的著作《給生存在霸凌世界的你們（いじめのある世界に生きる君たちへ）》（中央公論新社）。這是一本給寫給小學生的優良讀物，內容主要從中井醫師的論文《霸凌的政治學（いじめの政治学）》而來。文中聚焦霸凌的「孤立化、無力化、透明化」等進程，深入淺出的為小朋友們說明。我也從閱讀這本兒童讀物中發覺到，這個進程，正是我之前所受到過的那些騷擾。我覺得在這個巧妙的政治性進程下，當時的自己徹底地被罪惡感、卑微感和自卑感蹂躪，最後還把自己交給了對方。

「因為近藤小姐是單親媽媽，所以大家才會對她特別好呢！」

「明明是單親媽媽，卻還能拿到工作，光是這樣就得心存感謝才對」

周遭那些不知事情原委的人對我的指點，也曾把我逼到絕境。這些師出善意的言詞，都是從強勢立場而來。如果我把所承受的不當對待和處境乾脆一次開誠布公的話，那將會多麼令人神清氣爽啊！而且說不定生活也會過得比較輕鬆。

當時的心境我始終記憶鮮明。時刻身處於黑洞中，腳下無一處不是使我踉蹌的窟窿。只要稍不留神，就有可能會一頭跌進。

縱然如此，就像芥川龍之介所寫的寓言《蜘蛛絲》，黑洞中總是垂著一根絲線。

就是我母親跟我說的一句話：**「就算有人對妳做了很惡劣的事，但倘若妳因此而打算報復對方的話，那妳的人品也會跟著降低的！」**

從此我便開始閱讀心理學的相關書籍或瀏覽網路上的文章。其中，我特別覺得「課題分離（Separation of Tasks）」、「雙重束縛（Double Bind Theory）」等概念，似乎可以發揮保護功能，作為我與對方交涉的武器。

對我窮追猛打落井下石的人，冷眼見我身處絕境卻反身就走的人，世界上真的是一樣米養百樣人。不過值得慶幸的是，幫助我的人更多——無論是台灣人或日本人、不管是男是女，甚至無關於年齡。

8

我想要他當爸爸

❀ 大兒子的意外舉動

這樣子的單親媽媽也還是再婚了，人生真的很難摸透。

我會遇到他是因為工作的關係。他是廠商的業務，來當時我工作的公司拜訪。雖然他能說一口流利又得體的日語，個性感覺也很溫和，我對他的印象也很好；但那時候的我，早已不覺得自己會再戀愛。

時值春節將至，他拿著新年月曆來公司做歲末前的最後拜訪。事情就從我們倆邊等電梯邊聊天開始的。

「過年時只要一遇到親戚，就會被問說：『有交到女朋友了嗎？』真是討厭！」

因為他這麼說，所以我很自然地回應道：

「你現在沒有女朋友喔？要是你不介意，我可以介紹我朋友給你認識！」

我那多少有些雞婆歐巴醬的本質，在這一點上仍充分發揮，不過他好像也很高興。於是我們先交換了聯絡方式，並商議等開春忙完後，再來約定見面日期。

終於到了要介紹女朋友給他的日子。我跟他說，大家就一起吃個晚餐。沒想到他選擇預約的，不是燈光美氣氛佳的高級西餐廳，竟然是樂高餐廳。可想見，晚餐菜色只有用微波爐微波的簡易餐點。不過置身在樂高天堂中的大兒子，倒是玩得很快樂。我當時心想他怎麼如此體貼，相較於女方對他的印象，反而顧慮到我這個介紹人會帶著孩子去。大家邊用餐邊聊自己喜歡的日本電視節目，氛圍就像朋友聚餐一樣，然後便散會了。我的朋友後來和他雖然成了好朋友，但他們卻完全沒有開啟一段戀情的徵兆。

「唉，我果然沒有看男人的眼光……」

我當下心裡覺得對朋友很過意不去，同時起身回家。朋友搭乘公車，我和大兒子還有他一起去搭捷運。在車站的月台候車時，大兒子不知道在想什麼，突然拉起我倆的手讓我們牽在一起。

「咦……？」他訝異了一下。

「真對不起！你這孩子是怎麼了？」我驚慌失措地對詫異的他抱歉道。雖然馬上放開了對方的手，但其實這一瞬間卻開始意識到彼此。此後我們也相約去吃飯，接著交往，最終發展到結婚。

你那個時候為什麼要這麼做？我後來問大兒子這件事，他的理由是：

「我覺得如果他是爸爸的話，那就好了。」

由此可知，小孩子看大人的眼光還當真不容小覷呢！

我再婚的台灣人先生，和我以前交往過的男朋友們，全然是不同的類型。如果沒有大兒子牽線，我應該不會和他交往。有趣的是，他也一樣。所以我們之間一直存在著「就是因為有大兒子，我們才會結婚。」這個堅定無疑的共識。

我經常會在大兒子睡前，找時間與他談心。於是我想藉著這段時間，對他表達謝意：

「還好有你，媽媽才能遇到現在的爸爸，謝謝你～」

當時年紀才五歲的大兒子，回覆了我這句話：

「不過我會被生出來，也是因為媽媽和之前的爸爸（親生父親）結婚呀！所以我才應該要謝謝媽媽。」

怯弱的我如果在黑洞中，落入那宛若張著大口只管要吞滅我的窟窿，墮落自己的品性，那麼後來或許就不會聽到大兒子回我的這句話了。一想到這裡，不禁自心底深處慶幸——好在我當時懸崖勒馬。

✻ 鬆開心裡的剎車

雖然我們兩人開始交往了，但我不太有之後會和他發展到結婚的感覺。即使看到大兒子和他愈來愈親近，「身邊有一個能愛護孩子陪他玩的人真的很好，但他也不會因此就成為孩子真正的爸，所以我還是得有限度，保持適當距離。」我心中的剎車，仍舊踩著。

另一方面，他的雙親在他讀小學四年級時離異。顧名思義，他是父親一手拉拔長大的。一路看著父親撫養自己和哥哥，在工作、育兒間兩頭燒，十分辛苦，似乎在我身上看到了父親當年的影子。而且他也非常清楚，成長在單親家庭的孩子很寂寞，所以他說他想儘量多陪大兒子玩。他們有時候會玩桌遊、組樂高，或者一起去國內各地旅遊。

當我看著大兒子和他一起玩的快樂笑顏、以及安心無慮的面容，於是很自然地開始覺得：**「如果能就這樣成為一家人，不知道該有多好……」**因為大兒子臉上流露的表情，跟過去完全不同。仔細想想，我和以前交往過的男朋友們在一起時，他們不管送什麼禮物給大兒子，他都不曾有過這樣的表情。

長久以來，大兒子總是擺盪在大人的糾葛之間，即便感到寂寞他也依舊忍耐。如果大兒子想要的話，那或許我也不必做結束。在這種想法下，我在三人一起度過的時間裡感到了安心。

心中踩著的剎車，也就此漸漸地鬆動起來了。

一直到我能夠放心地看著大兒子和他兩人單獨外出時，我才鬆開了心中的剎車。由於台灣交通事故頻繁，縱使有他帶著大兒子在街上走，我仍然無法斷言大兒子就不會遇到什麼事。「他們兩人一起出門，萬一大兒子身上有什麼磕碰，我也會原諒他。」當我的想法漸漸轉變至此，我於是拿定主意，將與他攜手共度未來的人生。我們先經過一段同居的生活之後，我便決定帶著孩子與他再婚。

無獨有偶，當時我公公似乎也對我們結婚一事，在心中踩著剎車。起初，他還不太願意見我們母子。我公公原本就是個寡言的人，雖然沒有十分清楚地言明，但在謀求他的意見時，聽說得到的回覆是：**「我不是要反對啦！只是多花點時間慢慢地再相處一陣子，不是很好嗎？」**畢竟，是一個帶著孩子的女人來接近自己的兒子，兒子會不會有被迷惑利用之虞呢？我猜想，公公當時的戒心是極其重的。公公會這麼想，我覺得也是理所當然；因為這是他自己一路艱辛走來，獨力撫養長大的兒子。所以那時候我也在心中暗許：

「今後我一定要讓他幸福，同時也要讓他父親放心。」

❋ 煮夫與歐巴醬正面交鋒

總覺得我不是一個很會愛惜自己的人，而且還是個無可救藥的冒失鬼。

創業在家工作後，我覺得弄午餐很麻煩，所以通常會隨便吃吃家裡的零食點心來填肚子。大兒子的餅乾零食也因此經常被我一掃而空，結果引得他對我大發雷霆。Uber Eats 等餐飲外送服務，在疫情的助攻下生意興隆，我也從中受益不少，但偶而仍會想煮個義大利麵。某天煮麵時還發生了一件事。水滾的同時電話聲也剛好響起，於是我跑回去工作的房間。沒想到掛掉電話後，我竟直接進入工作狀態。等我驚覺到瓦斯爐上的鍋子，裡頭的水不但已經燒乾，鍋子也因為過熱燒壞了。當時真的非常危險，完全是笑不出來的狀況。

相反的，我先生是個廚藝很棒的人，這可能跟他大學唸營養學有關，他也因此非常注重飲食。秉著「由厲害的人來發揮」的原則下，擔任家中大廚的自然就是我先生。他下了班後，會先繞去公司附近的黃昏市場買菜。一回到家、繫好圍裙，隨即開始料理。菜色內容大概會有兩道主菜和一鍋湯。

粗枝大葉的我就算去了市場，也不會注意價錢就直接買下去。但我先生卻會大致上先逛一圈，確認當天進貨的新鮮食材和價格後，再回頭去他覺得最好的攤位買東西。

順帶一提。我生二兒子的時候，聘來家裡幫我坐月子的月嫂、以及平日替我照顧二兒子的保母，兩位皆是市場採購達人。家事高手級的台灣歐巴醬們，通常不會去超市買菜，她們有自己常去的市場。然後還會把那天買到的東西，當作戰利品一般拿出來炫耀，對話內容大約會是：

「那個雞肉，花多少錢買的？」

「花了兩百五十元。」

「嗯～土雞的話，那個價錢還可以啦！我常去的那一攤呀……」

話匣子一旦開啟就很難關上。最厲害的是，無論講的是哪一攤的哪種食材，我先生全都對得上。

我曾經去市場買魚時問說：**「魚骨頭有去掉嗎？」**老闆回答：**「已經去掉了。」**於是信以為真買回家。結果才剛準備要拿來煮，卻發現魚骨頭根本沒去掉！當場不禁一陣錯愕。可見我的市場採買功力與達人們相比，程度簡直有如天壤之別。

話題似乎繞遠了。不過也因為如此，自從我和大兒子開始吃我先生的手作料理之後，我們幾乎就不曾再感冒過。建構身體的血肉來自於食物營養的轉換，這一點我算是深刻領會了。

台湾はおばちゃん
で回ってる？！

伍

在台灣養孩子
兼修練
當台灣歐巴醬

1

關鍵字是擇脫「同儕壓力」？

❋ 台灣社會尊重多元

關於在台灣教養孩子的這個主題，雖然我感覺現階段的自己仍不太適合，但即使如此，我還是提筆開始寫這一章。會有這樣的想法是因為大兒子才十歲，二兒子的話甚至只有三歲，我要從育兒之路畢業依然遠路迢迢，況且我也沒有提供特別好的教育給孩子們。再加上台灣的公立教育也可說尚處於成長期，而且坦白講，我個人覺得日本的教育或許好處還多一些也未可知。

不過，台灣當然仍有令我動心的地方。對比於教育內容，我更在乎社會環境。我自己的感受是，日本社會的各個面向裡，都有類似「必須從眾」的同儕壓力機制在運作。然而置身尊重多元的台灣社會中，我幾乎沒有這種感覺，同時「只要媽媽快樂，孩子就會快樂！」的氛圍，還在這裡大行其道。

在日本出生成長的我，雖然也認為待在重視協調性的日本社會裡感覺上比較如魚得水。但唯有教養孩子，我尋求置身一個能從同儕壓力中解放的環境，而且我甚至覺得，這份尋求來自於靈魂深處。

「不必勉強、盡己所能，按照各個家庭的軸心價值來教養孩子，沒想到會如此自由又幸福……」希望我的這個新發現，能讓日本同胞們感覺輕鬆一點。

❀ 團購才藝課

在大兒子兩歲時結識的台灣媽友們，如今也交往將近十年了。與大家相識的機緣，是來自於才藝課。很多台灣父母親會在小孩上幼稚園之前，送他們去上才藝課。一來是想讓小孩提早習慣團體生活，二來也是幫助他們發掘自己的興趣。

「團購」在台灣非常蓬勃，本書第一、二章裡就曾提及，所以連小朋友的才藝課也不例外。各個領域的老師也會自行在網路上公開招生：「達最低人數十人即可開班」。我經朋友介紹加入了一個媽友團，媽友們會聘請律動老師到自己租賃的教室授課，並在網路上揪團大家每週一起參與。

令我尤其敬佩的，是媽友們的行動力。她們會針對律動老師的上課態度和授課內容等，彼此交換嚴格審評後的意見。假若結果不盡理想，她們後續就會再找其他有趣的才藝課程。

團裡的媽友幾乎都是職業婦女，但即便是上班時間，大家也仍會在 LINE 群組裡隔空討論。例如，某位媽友會貼上已註明課程詳細內容的連結，同時詢問：「有誰有興趣？」尋求大家舉手參與。只要揪到一定的人數，媽友就會和老師聯絡交涉，並且包課開班。如此一來，整個班級的家長全都是自己的好友，會怕生的小孩也比較安心。而且孩子們上課時，大家還能坐在旁邊熱烈開聊（我們也常因為說話太大聲，結果惹怒老師）。

此外當時在孩子們下課後，大家還會一起吃吃午餐、或去公園玩等，因此時間的運用上亦十分有效率。雖然這也算是一種完全仰仗旁人的他力本願◆，但由於能夠嘗試各種自己可能難以發掘的才藝課，所以我也非常感謝大家。

當然了，所謂的同儕壓力，在這裡是一丁點都不存在的。

◆ 他力本願（たりきほんがん，Tarikihongan）：語出日本淨土真宗開祖親鸞聖人。「他力」係指一份超越己身之力；「本願」係指佛原本的誓願。其句意是：「眾生的救度是依憑阿彌陀佛的慈悲力量」。但現代一般用法訛誤為：「事情的成就不靠己力，凡事盡期待仰仗他人」。

「我家小孩對這個不太感興趣」、「離我家好像有點遠」、「時間太早了起不來」等，每個人都可以視情況坦率的婉拒。不過也有媽友會邀約：**「對才藝課沒興趣也沒關係。如果小朋友還是想和大家一起在公園玩，那就中午左右過來集合唷～」**

由於我是那種上班時間不看私事訊息的人類（還被調侃過，果然像日本人的作風），所以即使我白天沒消沒息，當時有參與討論的媽友們也會事先做決定。之後如果我看了 LINE 想參加，甚至只要直接表明「我也想參加！」就行了。這種相處關係真的讓人感覺很愉快。

❋兩碼子的事，不能混為一談

即便大家也是因為「共同養育孩子」的理念而聚集在一起，但台灣的媽友之間，並沒有所謂上命下從的權力關係。藉此，我不僅有機會見到台灣人的各個面向，同時也覺得自己從中受益良多。

長期交往之後，媽友團裡有位媽媽後來跟我的關係鬧僵了。我會加入媽友團，原本也是她介紹的，所以當她對我說：

「妳就是因為有我才能加入這個團，所以我希望妳不要再和大家來往了。」

無奈之下，我只好準備離開。然而其他媽友卻冷靜看待這件事。

「她和我們的關係，與弥生子和我們的關係，分別是兩碼子事。就算妳們兩個鬧僵了，但與我們這邊無關呀！我們和妳今後也一直會是朋友喔！」

其他所有的媽友也都這麼對我說，令我非常地吃驚。雖然對那位媽媽不好意思，但在那之後，我和其他媽友依舊相處融洽。媽友們處理這件事的手法也極為高竿，完全不會有碰到痛處的感覺。她們為此發明了一個速攻法：

「如果有時候大家要一起出去玩，我們會先詢問她的意見。要是她沒有辦法參加，我們就會再回過頭來問弥生子。這麼一來，不就沒有任何問題了嗎？」

這個提議不但能保全那位媽媽的面子，同時也可以繼續我們的友誼。

「兩碼子的事，不能混為一談。」媽友們在界線的拿捏上，十分高明。

「我尊重你的心情感受，所以希望你也尊重我的心情感受。」

這個多元化社會必備的概念已深植人心。正因為如此，所以大家自然而然地將它展現在思考行動中。

坦白說，對於台灣人「毫不含蓄的事事錙銖必較」，我過去始終覺得很棘手。從正面意義來看，一言以蔽之就是「理智」。然而「不計較得失，認為是好的就應該去做」的價值觀，在我心中已根深蒂固。所以此前，我無法習慣台灣人的這種思考方式。不過我的想法後來更新了，助我一臂之力的不是別人，正是媽友。

媽友們大家都有自家車，我的話則別說車子了，連開車都不會。所以像那種需要開好幾個小時的車才能到達目的地的旅行，若我們母子倆也去參加了，就只能借搭某位媽友的順風車。可是這麼一來，媽友家的孩子就不得不忍受我們，我心裡也總覺得不好意思。媽友察覺到這一點後，便說：

「能跟弥生子的兒子一起玩，我們家孩子也覺得很開心，對我們來說也有好處，所以妳不要覺得不好意思。」

此時我才恍然大悟，台灣人的「錙銖必較」，原來要的是一種雙贏的感覺！這或許與我之前想定的錙銖必較：「講求現實，認為無利用價值就不再理睬。」在含意上有所出入。當下那一刻，我覺得自己似乎也不用那麼害怕它了。

2

有阿公阿嬤真好——台灣人孩子輕鬆養

❋ 阿公阿嬤負責接送、晚餐和洗澡

在我居住的台北，小學生們至少要讀到高年級，才會自己上下學。小孩子讀中低年級時，大多會由家人親自接送。台灣會有這種情形恐怕跟交通事故頻繁發生有關，不過雙薪家庭要接小孩子放學，可就相對困難了。

所以這個時候能拜託的人，就是小孩爸媽雙方的父母親（也就是小孩的阿公阿嬤）。因此傍晚時分，只要小學或幼稚園的放學時間一到，阿公或阿嬤就會去接孫子女，然後孫子女也會直接待在阿公阿嬤家。爸媽則會在晚上下班之後再去接小孩回家。有的情形是，爸媽和小孩會一起在阿公阿嬤家吃晚餐，小孩也會在那裡洗

好澡。這樣的話，回到自家等孩子睡下後，大人們就能各自享有自由時間。

如果沒有阿公阿嬤幫忙，大部分的爸媽也會將小孩託付給補習班。小學低年級生讀的補習班稱為「安親班」。安親班老師會去學校接小朋友，接著安排點心或晚餐，幫忙照看學校的作業等，然後陪著小朋友等爸媽晚上來接。當小孩子年紀大一點時，爸媽就會讓他們去讀所謂的「補習班」。補習班主要以提供學習課程為主，若是知名補習班，則更是所費不貲。但為了能讓小孩接受更好的教育，爸媽或阿公阿嬤們無不傾全力支援。因此，這種被歸類為「教育服務業」的商業活動，不僅發展蓬勃，補習班之間的競爭也很激烈。

前文是屬於公立學校的情形，私立學校上下學有巴士接送，同時也會規劃課後輔導，讓小朋友在學校待到晚上，所以與我之前敘述的內容不同。私立幼稚園方面，現在普遍也會外聘老師入園教授英語和藝術類等特別課程。爸媽不但無需再找其他家補習班，小朋友也能待在同一個處所，進行各領域的學習。在這種情況下，很多台灣家長為了避免小孩子進公立學校後，他們還得額外勞心傷神，於是便選擇讓小孩就讀私立學校，如此也比較省時省力。但由於公私立學校費用相差三至四倍，所以當我還是單親媽媽時，就無法將私立列入考量。後來二兒子（與台灣人先生再婚生的孩子）則因為能請領台灣政府的補助，於是我們便決定讓他讀私立幼稚園。

台灣有很多家族企業、自營業和自由工作者，因此常可見有些人會在上班時間，跑去「接一下小孩」；或者在工作場所中，看到大人上班、小孩玩耍的例子也不少。我認識的一位媽友就採用這種作法，她還特地讓女兒就讀公司附近的學校。

媽友們當中更另有強者。他們夫妻倆平日會將小孩二十四小時托育在老家，週五晚上再去接小孩回來，週六日在自己家度過；一到週日晚上，他們又會再度把小孩送回老家。如此循環，直到小孩就

在捷運或公車上，大家普遍都會讓位給長輩和小孩。
（右）捷運的親子友善區。貼紙海報上寫著：「請禮讓親子、孕婦、推嬰兒車旅客優先使用」。
（左）二兒子坐在其他乘客禮讓的座位上。

讀小學為止。沒有小孩的平日夜晚，這位媽友不僅有時會和朋友去唱卡拉ＯＫ，有時也和先生兩人相偕去約會，盡享無異於單身時代的生活，當真令人驚嘆。當時她說道：

「雖然平日見不到孩子很寂寞，但相對的，就是努力將工作和家事做好。這樣週六日我們就可以去露營等等，盡情地和孩子一起玩！」

而且滿意這種生活方式的，還不只有他們夫妻倆，無論是小孩還是阿公阿嬤，大家也都過得很開心。「原來也有這種養小孩的方式呀……」聽了媽友的話之後，我一瞬間茅塞頓開。

以下只是我個人的臆測。正因為日本有「不問工作或育兒，忍耐苦撐都是理所當然」的風氣，所以當自己從工作退休、或自育兒之路畢業之後，是不是就會產生出「那種事這輩子已與我無關！」的心情呢？反觀台灣，無論是工作還是撫養孩子，都保留有一定程度的空白。從這一點來看，反倒讓人感覺可以從容地繼續下去。所謂的永續性——為了社會的永續發展，我們所需要的會不會就是類似這種從容呢？

❋ 媽友的先生們

我很高興能以孩子們為同心圓，包含媽友的先生們，往外擴大與媽友的整個家庭交遊往來。

小孩的才藝課、野餐、聚餐等……，媽友的先生們如果有伴著太太一起出席，就會在我們這群熱烈吱喳的女人旁邊，當小孩子們的玩伴。我還是單親媽媽的時候，媽友的先生們，有時還會扮演替代性的父親角色，陪大兒子玩、教他騎腳踏車、或甚至上廁所的方法等。

當小孩們開始上小學之後，各自忙於自己的才藝課和生活，大家也無法像之前那樣頻繁的見面。不過在先生們的帶領下，大家倒是經常一起去外地小旅行。

某一年的聖誕節旅行，有人提議把家中已經不讀的繪本拿來包裝後當作禮物互相交換，大家便帶著自己最喜歡的繪本前往。開心雀躍地交換完禮物之後，已經到了睡前時間。有一位很擅長讀繪本給小孩聽的爸爸，於是讀起了繪本給大家聽。原本十幾個興奮玩鬧的小孩，當場安靜坐下開始聆聽。當時他起頭道：

「大家聽好囉！我讀繪本的時候，也會唸書名和作者的名字。是哪一位作者寫這個故事、是哪一位畫家畫書中的繪圖，也都是很重要的事，所以大家要好好地記住喔！」

這位媽友先生說的話，至今我仍然印象深刻。他本身從事的工作與出版業完全無關，而且從各方面看來，他都是一個沉默寡言的人，因為他很少會把心裡想的事說出口。所以當他面對孩子們，把可能是他心中重視的事情轉化成這樣的訊息傳遞給大家，我替他覺得很高興。我當下也在想，如果沒有透過小孩與他相識，或許就無法得知他的內心竟還存在著這麼細心的一面吧！

「為什麼台灣的爸爸們，會這麼願意陪伴小孩呢？」

我曾經問另一位媽友的先生這個問題。他總是很熱心地陪著大兒子玩，大兒子也去他家玩了好幾次，而且還順便過夜。他是一位需要經常加班的工程師，明明放假時應該很想休息睡覺才對，卻老是和孩子們跑來跑去。如果舉辦ＢＢＱ派對，他也是一馬當先負責烤肉和收拾殘局，因此我才會忍不住想問他這個問題。

「我想台灣直到不久之前，也就是到我們的上一代為止，『孩子就該由媽媽照顧』仍是社會的主流觀念吧。我父親也是。在我小的時候，他完全沒陪我玩過，所以我才會不想跟他一樣。」

對當時的我來說，他的回答令我頗感意外。

「現存於台灣的社會風貌，難道並非一直以來都是如此嗎？那麼，改變的轉折點又是什麼呢？」——掛在心中的這個懸念，此後讓我花了好幾年的時間探尋。在明瞭了台灣歷史的複雜性，這個懸念才得以解下。自台灣社會現在的民主來看，很難想像直到近幾十年前，台灣仍處於威權主義時代。當時男尊女卑的觀念依舊深植在人民的價值觀裡，那是從性別平等居亞洲之冠◆的今日，人們所難以推想的。若說台灣會有今天，是許多先進們竭力爭取的結果，則一點也不誇張。

◆ 行政院發布「二〇二一年性別圖像」，其中依據聯合國開發計畫署（UNDP）最新編布的二〇一九年性別不平等指數（Gender Inequality Index, GII），台灣排名全球第六，居亞洲之冠。

3

保母們是育兒的恩人

❀大兒子保母之「正宗台灣歐巴醬」

在台灣養育孩子的過程中，對我而言，保母是不可或缺的重點人物。無論是大兒子還是二兒子，他們各自的保母都提供了我莫大的幫助。雖然這只是我自己的想法，但對兩個兒子來說，我覺得保母就像是他們的「第二位母親」。

大兒子的保母，是前公司聘請的會計助理小姐。徵才的時候，是我和老闆兩個人一起面試的。有帶過一對雙胞胎男嬰的經驗是她獲得錄取的關鍵。爾後我們兩人，亦在同一時期進入公司工作。大兒子出生後六個月到上幼稚園為止（中間有十個月左右待在日本），每天由她在公司裡幫忙看照。我仍是單親媽媽的時候，也曾經把孩子寄放在她家過夜,請她代為照顧。有時候我們幾個人還會一起度過週末假期。

雖然我的中文在當時仍說得很不靈光,兩人在溝通上是有困難的。但一向樂觀開朗的她,完全不介意這個問題,而且還幫了我很多的忙。

「正宗台灣歐巴醬」的特質,在大兒子保母的身上展露無遺。她不僅注重健康、身材姣好、積極理財,而且不管購買多小的東西,她也都會仔細講價。想來我的「台灣歐巴醬入門研習」,或許可以說就是從她身上開始的吧!她每天還會帶手作便當去公司,並且準時於十一點半,用她自行安置在公司的「專用電鍋」開始熱飯(她使用完畢之後,其他同事也會輪流使用)。

吃完午餐之後,她會戴上眼罩好好地睡個午覺;到了下班時間,她就跨上腳踏車瀟灑地離去。她經常會利用午休時間到公司附近的市場採買晚餐用的食材;上班時也會揪同事團購,以優惠的價格買入肉和魚等。此外她還非常地時尚,跟她一起工作了幾年下來,我從沒見過她穿同樣的衣服,令我不由得想像:「她的衣櫥裡,都有些什麼東西呀?」

由於她是如此嚴謹的人,所以對我的生活習慣很是驚訝。比如我在生理期喝啤酒和咖啡的時候,雖然她會唸我:「唉呀,弥生子小姐……」但多半還是放我一馬。可是我帶著孩子吃速食漢堡當午餐時，只要一被她看見，她隨即罵道：

「又吃垃圾食物！」

直到今日，每次我和大兒子去吃速食的時候，就會相視笑道：

「保母又要罵我們了～」

兩個人一起想念起她來。

❋ 二兒子保母是北市認證行家

二兒子自出生第五十五天開始便托育給保母照顧。如依照我現在寫這篇文章的二〇二二年夏天，二兒子已即將從保母那裡畢業，八月底要開始上幼稚園了。

二兒子的保母是一位老行家，她除了領有保母人員技術證照，是在台北市辦理登記完畢的現職保母之外，也擔任專業訓練課程的講師。即使在高手雲集的「台灣歐巴醬」部門中，她仍像一位模範級的人物，有資格立於舞台中心、沐浴在聚光燈下。

台北市的保母制度運作方式之一，是家長每日接送孩子到領有證照的保母家托育。使用此一制度可請領托育補助，所以實際上只需負擔約一半左右的費用（每個月大約是一萬元新台幣）。

我懷著二兒子進入穩定期時，在全家人的陪同下，面試了幾位朋友介紹的保母。爾後與大家一致認為「她很合適！」的保母簽了合約。

「從事保母這一行，最重要的就是體力和免疫力。」二兒子的保母不僅如此公開表示，更令人讚嘆的是，她還身體力行健康生活。我送二兒子去她家的早上八點之前，她會在附近的公園與朋友們一起做健康運動順便流個汗（其實就是跳舞）。那座公園叫做「生態公園」，是在保護生態系統的概念下成立的公園，由住在附近的志工等人維護。不過她也會自發性的前去公園，整理自己增種在那裡的植物。

而且可以想像，她也是一位市場採購達人。每逢白菜、白花椰菜盛產便宜時期，她會大量買進，同時利用曬乾、醃漬等方法，做成保存食品放著慢慢吃。如果是她的拿手菜，她還會大量烹製分送給鄰居、保母好友們，並且也會送給我。這群歐巴醬裡，若是有人做了自己的拿手好菜，都會互相分享交換品嚐，並且幾乎天天如此。看到她們的日常生活，只讓我想到一件事：「所謂的富足，應該就是這幅光景吧！」

總是收人餽贈的我，某天不禁輕聲讚嘆：

「妳怎麼每樣菜都做得那麼好，真是太厲害了！」

聽我這麼一說，她報以溫煦的微笑回道：

「每個人都有自己的優點不是嗎？妳只是比較擅長工作而已。」

在此之前，每當我見到身旁的女性像保母一樣，散發著母性氣息又善於理家，我都會很失落自己與生俱來的母性，竟然難以企及社會定義的標準。即使如此，我依舊抱持著「因為我是女性」的理由，想方設法地努力將自己套入「既定的母親形象」。然而當時聽了保母的這句話之後，我頓時覺得輕鬆不少，同時也開始反思——

「母性」能以各種形式存在。

提供給孩子的，非出自我本身也無妨。

若撫育孩子時有不足之處，就借助社會各方眾人之力即可。

取而代之的，我再發揮自己的優點，用它來回饋社會就好。

若能讓孩子們看到媽媽這麼做，或許也可算是一種身教吧。

❋ 攜手保母合作無間

無論是月嫂還是保母，我從借助她們力量的過程中，深刻體會到事物的關連性，不需拘泥於是否出自親生母親本身。

住在日本的家母在我生產時，也從日本趕來台灣短期居留幫忙。孩子們去日本老家過暑假時，家母也總是盡心盡力的幫忙看照，我真的很感謝她。

不過月嫂和保母是藉由所謂的「契約」，也就是透過完全不同於親人的關係來連結雙方。在這個前提之下，我們運用適當的距離感合作無間，以達成彼此的共同目的——「孩子的成長茁壯」。

可能因為我是外國人而有所影響也說不定。無論是月嫂還是保母，就算我的育兒知識淺薄，或是在觀念上與她們自己有出入，我的意見仍然受到尊重。相對的，我也會提醒自己，這意見是來自於育兒專家的建議，所以我應該以尊重的態度聆聽。

我家的二兒子總的來說，就是一個小頑皮鬼。他還把人家保母家的沙發，拿來當作跳床或溜滑梯玩。如果是在我日本老家，應該不可能發生這種事吧！

「妳當母親的人，要確實管教孩子才對。」我恐怕也會因此而被爸媽這樣斥責。畢竟他們也有責任管教我，這也是沒辦法的事。可是二兒子的保母卻說：

「皮就皮啊～」

「生氣也沒用啊！」

任其自由發展。

帶二兒子去做定期兒童健康檢查時，我曾被小兒科醫生提醒：

「或許是雙語環境的關係也說不定，但就算排除這一點，媽媽會不會覺得小朋友學說話學得太慢？我建議還是帶去專科醫院檢查一下比較好。」

雖然我本身覺得二兒子尚處於聽辨語詞的階段，只是還沒自然地說出話來而已，感覺上沒有必要去專科醫院檢查。但這個想法太過主觀了，因此便尋求保母的意見。照顧過很多孩子的她表示：

「我知道當媽媽的會擔心，不過我認為孩子的語言發展沒問題。等過了半年之後，如果他還是沒有說話，到時候再帶去醫院檢查好了。妳覺得如何？」

諸如這種情形，我也曾經在聆聽了保母的建議之後，對自己的想法更有信心。而且隨時都有育兒神隊友常伴身旁，再也沒有任何事情比這個更令人放心的了。

再加上，我先生原本就沒有育兒的相關知識和經驗，因此很多事情自然會由我來處理。二兒子出生之前，我提議想找個保母時，我先生對此事的必要性抱著疑問的態度。他那時認為，反正我在家工作，所以可以一邊照顧孩子一邊工作。但等到二兒子出生後，他才了解這根本是不可能的任務。

由於我並未特別跟二兒子的保母說明，我跟先生是再婚，所以剛開始托育的時候，她曾取笑我先生：

「欸?都已經是第二個了,你怎麼會不知道?」

我心想這下慘了。於是立刻跟保母說,我們是帶著孩子再婚的,對我先生而言,二兒子是他的第一個孩子。保母一聽,驚訝地張大眼睛:

「原來是這樣子呀?!這麼會照顧小孩子的父親,可是稀有人種呢!」

不僅當場讚美我先生,從此以後只要見到我先生,就直接把他誇上天。在保母賣力的稱讚下,我先生也快速發揮了當爸爸的實力。台灣人這種轉折不著痕跡、使人印象愉悅的朝令夕改精神,我不但非常喜愛,同時也想積極地學起來。

❋ 居家托育制度環保滿點

我使用了三年的居家式托育,這是一種保母利用自家環境,提供照顧小孩的服務。我覺得這套系統制度非常的有意義。

二兒子的保母,是從事這一行有幾十年的資深行家。她家裡不僅有多台嬰兒床、搖椅、學步車等,也備有大量的嬰幼兒服、學習褲等各種日常用品。她曾表示過:

「使用沒幾個月的東西,妳從我家借去就好,不需要再買新的。」

然後便借了我許多東西。

轉眼間尺寸變小無法穿的衣服和尿布、一眨眼就不吃的真空包離乳食品、時機到了就不再喝的奶粉……。養孩子隨之而來的，就是大量消費。不過保母家接連會有新的小寶寶來，所以我自己也把還能使用的物品託付給她。如此一來，我不但不用處理這些東西，新來小寶寶的爸媽也不需採買新品。

我在佩服保母之餘，還嚇了一跳。她會大量購入日本的真空包嬰兒食品，而且還是最佳風味期限一個月以內的即期品。

此處我先補充說明一下。日本有很多販售本國奶粉、尿布、嬰幼兒用品的廠商進駐台灣，在一般店面也都能看到這些商品。可是即使品名相同，仍有「日本製（從製造到包裝都在日本生產）」和「在台灣等非日本國內製造」的分別，而其中的日製品更是要價不菲。雖然根據商品不同訂價有所差異，但價錢上普遍約差了三倍左右。因此，明知道該日製品有好品質，而且與在日本國內販售的一樣，但對一般人來說，這並不是能每天大手筆花錢消費的商品。

這些商品中，最佳風味期限將至的日製嬰兒食品，通常會以清倉價做促銷，所以保母才會整箱大量購買。

「雖說是真空包食品，但營養也很充足，而且小寶寶們也吃得很開心呢！」

保母說得眉飛色舞的模樣，不禁令人覺得，她的網路功力當真不容小覷。

保母每天都會收到各種育兒資訊和物資。雖然台灣也有類似日本 Mercari 的 APP 平台，可以買賣交易二手物品。但也有某些人會把自己使用過，並且帶有感情的東西，免費轉贈給他人。特別是如果認識的人願意使用、或別人派得上用場等。而圍繞在二兒子保母身邊的，就有一張這種鬆緊有致的互助網。

❀ 疫情中也受惠

二〇一九年一月出生的二兒子，由於受到當年歲末新冠疫情開始流行的影響，所以一直到他三歲為止，那段日子他幾乎都無法去公園玩沙、或去游泳池玩水。

在這種情形下能將二兒子託給保母照顧，從結果來看，是一件相當明智的事。為了保護無法接種疫苗的孩子們不受感染，我、先生和保母三個人團結一致度過疫情日常（台灣方面已在二〇二二年夏季，開始為嬰幼兒接種疫苗）。保母不但天天如臨大敵努力消毒（原本非疫情時期，她每天就會逐一消毒各件玩具；疫情開始蔓延後，她更以數小時為單位提高消毒次數），生活中也盡量減少外出機會。

托育在保母家的其他寶寶，我們都和小孩的家人打過照面，大約能夠想像他們從事什麼職業。而且小孩人數不多僅有兩三人，因此即使當時處於疫情期間，我們也還滿放心地過日子。

所以當保母因為訓練課程外出而染疫，二兒子暫時無法托育時，我們也絲毫沒有想責怪她的意思。在那段人心惶惶的疫情期間，她能為孩子們堅持不懈，我和先生反倒是非常地感謝她。

我在台灣幾乎沒有親戚能倚靠，再加上迎面而來的新冠疫情，好在此前遇過的各種局面，都有保母從中幫忙。我也曾經因為她的溫馨鼓舞，眼眶不自主地盈滿淚水。當時她看到我這樣，於是安慰道：

「我女兒也在國外，就和妳一樣呀！如果我女兒在國外有人這樣對她，我會很高興的，所以我也只是在對妳做同樣的事而已。」

保母的女兒會說日文，在疫情剛要開始擴大時，她就為了工作出發去日本了。可能因為同樣在異地工作，我又僅僅只會說幾句中文，所以保母才會將我跟她女兒的身影重疊看待。希望保母在日本工作的女兒，也能感受到日本同胞們的溫暖，並且快樂的生活。

❋ 好保母私家鑑定法

周圍的人最常問我的一件事，就是「如何挑選好保母」。關於這個問題，我自己也問過現在仍從事保母職的朋友，她回答說：

「事實上幾乎沒有『壞保母』啦！只是家長和保母，如果在『育兒觀念』上一有不合，很多人就會處得不好，而且會受到影響的，都是孩子們。」

確實也是如此。既然是必須通過技能檢定才能當得上保母，該位保母就一定具備了某種程度的水準。所謂的「好與壞」，無論怎麼說，可能都因為雙方的價值觀有落差之故。

我和保母簽的合約，是使用台北市政府相關單位制訂的定型化契約。那份契約書裡，甚至設計了發放年節禮品獎金的日期和金額欄，並註明有類似「為使托育人員們能保持愉悅心情照顧嬰幼兒」的語句，鼓勵大家於簽約初期確實商定禮金。合約書的內容讓我深切體會到，我們和保母並非是主從關係，而是處於同一陣線上的平等關係。

在撫育孩子的這件事上，每個人對於衛生和教養的想法多半大相異趣。正因為如此，所以先在面試階段，將事情確認清楚後雙方再簽約，是一件我認為很重要的事。面試的時候也不要一次定江山，建議多看幾位保母以利進行評比。就這層意義而言，感覺上跟找房子很類似。前文也提到過，我們為二兒子找保母時，是全家人一起進行面試的，而且面試了多位保母。那時候見過面的保母當中，也有保母很得意地說：

「我以前也帶過日本人的小孩。那個小孩的母親，每天都會做很漂亮的便當讓孩子帶過來。」

我當時是想拜託保母，幫忙準備二兒子的午餐和晚餐，因此「做很漂亮的便當讓孩子帶過來」不在我的選項內，所以後來沒聘請她。我認為將孩子托育給貼近自己想法的保母，是一件非常重要的事。會有這層考量，也是希望能讓孩子快樂地度過每一天。

4

這個社會包容孩子

❀帶著孩子趴趴走

曾經帶著孩子來台灣旅行或生活過的人，無論是誰，大家應該都有過「台灣人怎麼對小孩子這麼好！」的這種感覺吧？若有人在日本因為帶著孩子而感到不便，那麼我甚至會推薦你們，絕對要來台灣玩一玩。

首先，包含高級餐廳在內的幾乎所有餐廳，都常備有嬰兒椅和兒童餐具。二兒子還是嬰兒的時候，某次我們全家一起去燒肉店用餐，當時還請店家幫我們微波離乳食品，而且也請他們提供沖泡奶粉的熱水。

諸如此類的小事，信手拈來無處不可見。例如，媽友的女兒每次去便利商店時，店員們都會私底下免費給她店裡賣的小鬆餅。前些日子我帶二兒子去手搖飲料店買果汁時，不認識的店員大姊姊，還給二兒子一整條嗨啾軟糖。

而且就算入夜後時間很晚帶著孩子去逛夜市，也不會有任何人表示意見。一般的KTV也都能帶著小孩一起

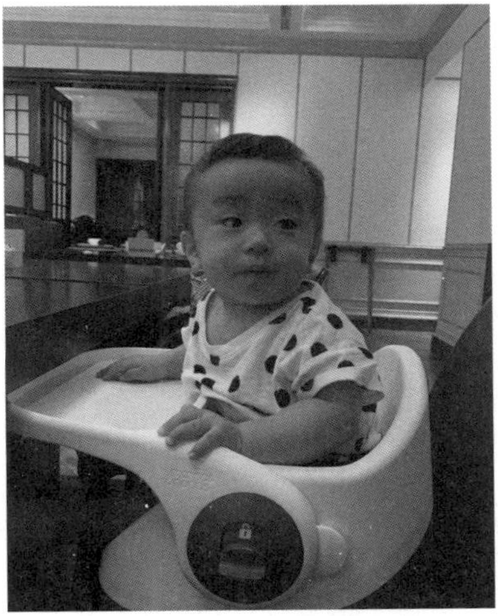

入選「米其林指南」的高級餐廳，也理所當然的常備嬰兒椅。

進去，不需要特別再找「可帶孩童」的KTV（不過晚上時段仍然有限制）。

❀ 開會尾牙孩子來湊一咖

社會「不將孩子排除在外」的風氣，是讓我覺得生活起來舒服的重要因素之一。

我還是單親媽媽的時候，會帶著未上幼稚園的大兒子去公司上班。在他開始上幼稚園之後，如遭逢流感或腸病毒（英文為：Enterovirus，手足口症為其症狀的

表現之一）等傳染病流行期間，幼稚園必須「停課一週」時，我也又會帶著他去公司上班。

辭去公司工作獨立執業的我，現在有時仍會帶著孩子，一起去跟關係融洽的客戶開會（在不得已的情況下），之後直接相偕吃午餐的情形亦是有的。經營品牌的好朋友舉辦公司的尾牙時，我也都會帶著孩子出席。這並非因為我是日本人或單親媽媽的緣故，而是整個媒體業界大家差不多都這麼做。所以無論是採訪現場、記者發表會、工作地點等，大家已習以為常有小孩子在場。我的好朋友劉冠吟小姐，在媒體業界也是有名的專業人士。她是台灣最受歡迎的雜誌之一「小日子」的前發行人，目前則在廣播固定主持。她的女兒從讀幼稚園開始就在廣播節目中演出，而且她每次也總愛帶著愛犬一起進錄音室。

其他業界也是如此，例如以小籠包聲名遠播的餐廳「鼎泰豐」。據說如果員工的小孩學校放假，家裡又沒人可看照時，公司的會議室會開放給員工安置小孩。此外，員工若是帶小孩去上班，公司也同意讓孩子在店內用餐。採行這種作法的企業無論規模大小都有，聽說ＩＴ業界也很多。

因為工作的關係，我結識了台灣襪子品牌「＋10・加拾」的創辦人。從單親媽媽時代開始往來至今，已經有五年以上了。她們非常疼愛我的大兒子，二兒子剛出生的時候，我無意說出：**「最近，我都不太有時間可以陪大兒子……」**沒想到，她們一有機會便開車帶大兒子去台中的國立自然科學博物館，有時還一起去陽明山兜風（我沒跟到！）。對大兒子來說，「＋10．加拾」的成員和設計師們，就像是家族之外「在這個社會上，開朗風趣的大姐姐和大哥哥」。

我一直都認為，把我和她們如何互動相處的過程，真實地呈現在孩子面前，不也是讓孩子們見習一下這個社會的大好良機嗎？

❃ 公車友善嬰兒車

台北是個交通非常方便的城市，無論台鐵電車、捷運、公車和計程車等都很發達。其中，我最常搭乘的交通工具是「公車」。如果想去的地方離捷運站很遠，但要是那裡有公車站的話，即能坐上公車輕鬆抵達。而且還不用像搭捷運一樣，需要往地下走個好幾層；只要一想定，就能隨時跳上去坐。雖然有些司機開車很猛，猛到讓我差點飆出淚來、又或者頭暈到下車之後暫時動不了，但我還是很喜歡坐公車。

二兒子出生後第五十五天開始，我便將他托給保母照顧。剛開始的那一陣子，我就是搭公車往來接送他。起初我是使用嬰兒背帶背著他，後來慢慢地換成了嬰兒車。一換成嬰兒車之後，某天就聽到司機先生透過麥克風問我說：

「那個推嬰兒車的媽媽，妳要在哪一站下車？」

我於是大聲回覆了下車地點。當公車抵達站牌時，司機先生還特意駛近我方便下車的地方，然後對我說道：

「在這裡下車會比較安全喔！」

現在有行經台北市路線的公車，大多都已汰換成配備完善的無障礙車款。車內不但為輪椅和嬰兒車預留了空間，而且令人更方便的是，乘客上下車時，司機先生也會把車體調降至貼近地面。就算是車體無法調降的車款，周圍的乘客也會幫我把嬰兒車推上公車，所以我也未曾因此而辛苦過。

不過有一次，當我把嬰兒車停妥在無障礙空間裡，並且就地站在嬰兒車後面時，很意外地，司機竟然透過麥克風對我說：

「那位媽媽，妳就坐下來休息一下好了！」

在搭公車的過程中，我也曾碰過這種趣事。

如果推著嬰兒車，在像是下班等人多的時段搭乘公車時，身邊也不會有人面露不悅，大家反而很自然地握著嬰兒車的把手，幫我支撐固定（但說不定也只是將嬰兒車的把手，拿來替代作上方的拉環而已）。

即便是像在公車內的小群體社會，小孩依舊不會被排除在外。若有乘客帶著嬰兒或小朋友搭乘時，幾乎大多數的人，也都會反射性地起立讓座。由於公車隨後就會立刻起步，所以像我們當媽媽的，便會從乘客讓座的位子中，挑選距離自己最近的座位坐下。接著乘客們就像什麼事也沒有發生過一樣，眼睛又盯回手機畫面，沉浸在自己的世界裡。

搭乘台灣公車的感覺，大抵上就是如此。不過要是在車上遇到雞婆歐巴醬，那就更精采了。有的時候，孩子們不僅能拿到零食玩具，我們大人也會彼此交換聯絡方式。等到站之後，大家便揮手互道再見。但話說回來，這都只是台灣公車上的一幕幕日常風景。

5

沒有血緣關係也能是家人

❋另一個爸又一個媽

「她是我的『乾媽』唷！」

就像這句話說的，「乾媽」是我在台灣生活時，經常聽到的一個單字。

「乾親」是一種自古以來的關係契約交換習俗，「乾媽」和「乾爸」指的是沒有血緣關係，但獲得家族認可如同養父母的人。以前的時代，雙方會透過傳統儀式締結關係，現代人則大多似乎僅以口頭做約定。台灣的連續劇和電影中，也經常有乾媽或乾爸登場，所以喜愛台灣娛樂節目的日本同胞們，或許曾經看過也說不定。

開頭的那句話，是我去傳統市場採訪早餐小吃攤聽到的。雖然當時我不知道她是男老闆的親戚還是朋友，但感覺這位歐巴醬人非常地好，還很親切幫忙拿咖啡等餐點來招待我。正當此時，早餐店的男老闆就說了那句話，來為我作介紹。

採訪男老闆時，那位乾媽還提供自己開的服飾店一隅，讓我當作採訪場所。因為我在攤位前採訪的話會妨礙到其他客人，而且我也想找一個可以坐著的地方。這家早餐店是男老闆與母親一起經營。聽說由於長期在市場內做生意，這當中母親和服飾店的老闆娘結成好姊妹，最後她也就順理成章地當了男老闆的乾媽。

我的生活周遭，也經常有「乾媽」這號人物登場。一般而言，小孩的乾媽似乎多由孩子母親的閨密來擔任。就我所知，這些乾媽們會將乾兒子女兒，當成自己的或親戚的孩子來疼愛。而且小孩子們跟乾媽的感情也很好，彷彿把乾媽當成是自己的第二個母親。他們有時候會說：

「我現在要去乾媽家玩～今天晚上，說不定就直接睡在乾媽家！」

然後便跑去乾媽家了。

當小孩子們長大後，他們會像對待自己的母親一樣，幫忙照應乾媽的日常生活。比如說，他們若有去買一些預防新冠疫情用的口罩、或消毒用的酒精等給家人時，也會順便一起買乾媽的份，並且送過去給她。

我認為這個風俗最好的地方，是整個社會群體一起撫養小孩，而不是僅有血緣關係的親人。當家庭型態進化為核心家庭時，很容易衍生出「只要自己和家人好已足」的想法。但如果除了親人之外，還另有重要的人存在，那麼人們便會萌生出一股想關心社會、為社會奉獻的心意。如此一來，社會問題就不再是與己無關的問題了。

這個社會是一艘大船，居住在船上的乘客們，個個心中寓存了多元化的價值觀。或許正因為台灣擁有這樣的特質，所以才能創造出，居住起來舒適又愉快的社會。

6

育兒方法大不同！

❀ 日台價值觀差異

在台灣教養孩子，讓我得以近距離的觀察到台灣人的價值觀——「小孩是家中（包含親戚家庭）的寶貝」。特別是在富庶家庭、或自行經商的家庭中，更容易看到這種傾向。從中似乎可見得，這些家庭的父母會想把自認為「好的」東西，積極地投資在小孩身上；而小孩本身也毫無疑義接受，並在人生的道路上按照家人的想法行進。

相反的，日本人的價值觀無論從哪一方面來看，或許都可以說是著重在——「小孩並非父母的財產」。由於我本身也抱持著這種觀念，所以教育孩子時，我總會設法引導他們自己做決定。先讓他們從小事開始練習，等到了某個時間點，他們就有能力自己決定所有的事，然後一直到我們做爸媽的不得不放手。

台灣有個名詞叫做「媽寶」，意思是指母親把小孩當珍寶般的寵愛，結果導致小孩的「巨嬰化（Mother Complex）」（媽寶一詞多指男性，女性則稱為「女媽寶」）。這個現象之所以會被視作為問題，可能主要是因為年輕小姐跟「媽寶」戀愛結婚之後，由於媽寶的母親過度干涉，而衍生出了許多困擾。

婆媳問題在台灣也很嚴重。不、倒不如說就像我言明的：**「台灣社會的歐巴醬無所不管！」**所以難纏的那一方，往往都是位居歐巴醬的婆婆。但這也可以說，是母親在教育小孩的時候，就希望他們有身為家族一員的自覺。結果小孩也為了想符合母親的期待，在盡力之下變成了媽寶。況且，感覺上夫家的心態也傾向於支持母子這一方，因此婆婆相對強勢的婆媳生態於焉形成。

我不太清楚前述的價值觀，是否僅獨存於台灣。我再婚的台灣人先生，因為他小時候父母即離異的關係，所以我本身沒有婆媳問題。然而現實上仍無法避免的是，小孩的教育依舊會受到這種價值觀影響。

7

雙語教育左右開弓

❀ 日本小孩學日語

縱然我在內文各處描述過，「台灣社會大概就是這樣的感覺」。可是我自己卻完全沒有作壁上觀的餘裕。

無論是日本人或台灣人，看到我這個日本媽媽在台灣教養孩子時，多數都會稱羨道：**「你們家小朋友，中文和日文都會說呀？好棒喔！」**我自己從還是單親媽媽的時候，也就有這樣的考量：**「我也沒辦法留什麼財產給孩子，但我希望孩子至少要會說中文。」**這也是我選擇在台灣生活的原因之一。

只是，我差不多在大兒子即將從幼稚園畢業，進入小學就讀的那個時間點，才終於發現「只要在台灣當地學校學中文，同時在家裡講日文，這樣自然就會通曉兩種語言」——是不可能的。語彙能力方面，大兒子不僅和日本同年齡的孩子有差距，而且他雖然會「說」日文，但卻不擅長「讀和寫」。如何在家庭裡進行日語教育呢？眼前這個迫切的選項，促使我和大兒子踏上日台雙語教育之路。

我跟台灣的先生再婚的時候，剛好是大兒子即將就讀小學之前。雖然也算是巧合，但在大兒子快要開始真正的學習中文時，能出現一個幫手協助大兒子，我真的很感激他。我自己則是盡餘力想讓大兒子學日文，於是決定帶他去上週末授課的日語補習班。

這間補習班的教務、事務和營運工作都由家長志工執行，不負責教務的家長，有時也會在教室中擔任老師的助教，或分擔導護和巡堂等工作，以確保學生上下學和學習時的安全。除了學習課程之外，補習班也仿照日本學校安排了一系列的例行活動，像是文章選集的製作、學習成果發表會、避難演習等。因此家長和小朋友若想持續地長期上課，相對應的體能和精力是必需的。

大兒子平日就讀台灣的小學，僅週末去補習班上日文課。補習班的孩子們和大兒子相同，都是生活在台灣這個環境，所以我認為大兒子能跟大家一起學習，是一件非常好的事。可是小學四年級上學期結束的同時，大兒子也中途退學了。親身參與過大兒子的補習生活之後，我才了解到雙語絕對不是可以自然形成的能力，過程中還需要相對的努力。

❋台灣小學生的漢字多好多！

延續前文的學習話題，台灣的小學生在六年之間，需記憶的國字數量約有兩千～兩千五百個字。另一方面，日本的小學生在六年之間，需學習的漢字數量則約有一千零六個字（資料根據二〇二〇年度開始實施的新學習指導要領）。由於日文的每個漢字大多有音讀和訓讀兩種唸法，所以並不能單就字數來進行比較。即便如此，台灣小學生需記憶的字數，仍然比日本多出了一倍左右。

台灣小學一年級的學生，在作業的分量上就已經很多了。就算各班級任老師的作法不同，但是「量多到讓爸媽覺得孩子好可憐」的情形也是有的。小學生在餐飲店和咖啡廳裡寫作業寫到夜裡的身影，也是街角常見的光景之一。國字的書寫練習占了作業的大部分，其中令人頗吃驚的是，「聲（声）」、「邊（辺）」（括號裡的字是日本小學教的漢字）等筆畫複雜的字體，也從小學一年級就開始學習。中國大陸使用的中文字，是已經簡化過的「簡體字」；不過台灣學生學的，仍舊是筆

這是大兒子就讀台灣小學一年級時，實際使用過的國語課本。當時就已經在學習「聲」、「邊」等筆畫複雜的國字。

畫較為複雜的「繁體字」。

由於日文是我的母語，我又是文字工作者，因此我以前在想法上，會很強烈地「希望大兒子要會日文」。為了回應我的期望，我也感覺大兒子盡己所能的配合。但如今我的想法改變了。倘若讓大兒子覺得自己的日文不好，那反而更糟糕，因此後來才決定，採用一種相對寬鬆又能持之以恆的作法。總之，我現在僅要求他每週用日文寫一篇作文，寫法和文法不到位也無妨。我只要鼓勵大兒子，讓他能用日文寫出他想「傳達的事」給我即可。我現在衷心地這樣認為。

在台灣經營語言補習班的老闆曾說過一句話，我聽了之後至今仍保留在心中。

「若擁有任一種讀得懂文章意思的語言能力，對人們而言那就是救贖了。最重要的是，先把主要語言能力確立下來，接著再學第二種語言。」

因此對大兒子來說，他只要學會一種能讀得懂文章意思的母語，那就已經足夠了，即使不是日文也無妨。

我居住的台北市，目前正在國中小學推動中英雙語教育計畫。該計畫預定在二〇二六，達到各公立國中小學皆為雙語教育學校的目標。雖然就現階段來看，依舊有許多課題尚待解決，不過教育政策應該仍會朝著這個方向實施。

此外，二兒子從秋天開始上的幼稚園，也是採行雙語教育。所以我應該仍會鞭策自己日漸老化的大腦，與孩子們一起不疾不徐地，朝向三語能力的目標邁進吧！

8

台灣歐巴醬修練中

會在台灣當上歐巴醬，完全出乎我的意料之外。然而就某個意義來說，我也覺得非常幸運。

在台灣遇見的歐巴醬們，是一群「無同儕壓力綑綁」、「自我主張想說就說」、「充滿同理心和人情味」的女性，而且每個人看起來都很人性化又有魅力。即便仍有很多不如意的事，但她們總會在嘀咕**「唉～那也沒辦法，就是會有這種事啊！」**的同時，以柔軟的身段加上積極的態度，努力生活展望未來。她們的身姿就彷彿絢麗的九重葛，蓬勃盛開在這座城市中。

❋ 恣意絢麗九重葛！

縱使聽到別人誇讚：「**妳很棒喔！**」是一件開心的事，但為了要迎合社會認可的「很棒」，而逐漸扭曲自己的話，我覺得這有點可惜自己了。隨著在台灣生活和年歲漸增的我打從心底有這樣的感覺。

只要是生為女性，那麼無論是誰，總有一天都會變成歐巴醬，所以「妳日後想成為什麼樣的歐巴醬呢？」這應該是所有女性共同的問題吧！

提筆寫這本書時，連我自己都很吃驚，十一年多的台灣生活，竟會讓我的價值觀產生這麼大的變化。從曾是日本公司駐外人員的妻子、歷經懷孕生產當上母親、在台灣企業工作當一名上班族、獨立成為自由工作者和經營者、有段時期是單親媽媽、帶著孩子與台灣人再婚的日本人……，在各種身分的轉換下，使我得以見聞台灣社會的各個面向。從中不僅拓展了我的視野，也讓我領悟到，自己了解的事物是如此的有限。

當然了，我也無法向所有的日本女性同胞推薦台灣的生活，只是想傳達我們近鄰台灣的一些景況。例如歐巴醬從容自在過日子的身影，以及我和她們相遇之後，價值觀受到的撼動等情形。雖然我不知道能否藉由這些訊息鬆開那在悄然無聲中將妳們封印起來的束縛，但我是真心想盡一已棉薄之力。

後記

我為這本書取的書名《台湾はおばちゃんで回ってる?!》（意為：台灣的運作都靠歐巴醬?!），似乎太過斬釘截鐵了。

儘管如此，但在二〇一九年，台灣性別平等程度排名世界第六位，並且同時高居亞洲之冠；隔年二〇二〇年，國會女性立委席次逾四成，位居亞洲地區之首。這些女性是否已年屆「歐巴醬」暫且不論，但就事實而言「台灣女性是能參與社會的」，這應該也是毫無疑問的吧。然而台灣並非一直以來都是如此，所以我想在這裡補充說明，同時作為本書的總結。

相較於日本，我認為台灣恐怕直到不久之前，似乎都還是一個男尊女卑的社會。一九八五年，聯合國大會通過的「消除對婦女一切形式歧視公約」正式在日本批准生效後，日本同年也制定了「男女僱用機會均等法」。其後兩年的一九八七年，台灣才解除了籠罩三十八年間的「戒嚴令」。雖然這個時間點，大幅落後世界風潮轉向性別平等的時刻，但導致許多台灣人民慘遭下獄判刑、所有人權幾近受限的「白色恐怖」時代，亦在此時畫下了休止符。縱使如此，聽說威權時代的遺害，仍在戒嚴令解除之後，又存活了一段時間。另外，比我年紀大兩輪以上的長輩中，據傳仍有人將女性的月經視為「不淨」，禁止經期中的婦女進入寺廟參拜，並且洗浴時要遵照男性優先的原則等。

只是現在的台灣，之所以能實現今日如此民主的社會，絕非來自於他人的施捨，而是像接力賽跑一樣，是在大家一棒接一棒的努力下獲得。

台灣性別平等大躍進的分歧點，是二〇〇五年修憲時引進的「配額制（或稱比例原則（Quota System））。即是為了導正差異，而針對少數弱勢族群，進行資源分配的一種積極行動（Positive Action））」措施。該措施規定，全國不分區及僑選立委的當選名單中，女性比例不得小於二分之一。鋪陳這段背景的，是台灣女權運動象徵者之一的彭婉如。然而，全力將婦女參政當選名額從十分之一擴大至四分之一的彭婉如，卻在一九九六年失蹤。其後她被發現時，已經是一具慘遭殺害的遺體。這起案件在未逮捕到犯人的情況下，屆滿追訴期；可是承襲彭婉如意志的後繼者，仍一路持續地推動台灣社會向前。

眾所皆知，亞洲第一個同性婚姻合法化的國家，也由台灣在二〇一九年實現。然而性別平等意識，並非原來就存在於台灣社會中。受到二〇〇〇年發生的「葉永鋕事件（這一起死亡案件，是當時為國中三年級生的葉同學，由於陰柔氣質之故遭到霸凌。他因在學校廁所裡跌倒，頭部強力撞擊到地面，而於翌日凌晨去世。）」一啟示，升高了台灣教育界對於性別教育的討論，爾後並於二〇〇四年制定施行《性別平等教育法》。

台灣的進步，不單只有性別平等。推動限塑政策的台灣，為了達到二〇三〇年全面禁用和限用塑膠袋、塑膠吸管等拋棄式塑膠製品的目標，於二〇一九年起，禁止部分大型連鎖業者等，不得於內用餐飲提供一次性使用的塑膠吸管。而這也是始於一位女高中生的呼籲，並在獲得大家的贊同後，實現的一項新制度。

為了「想要改變社會」起而行動，同時在不斷累積微小成功經驗當中，台灣社會逐步升級至今日的風貌。

置身於這個活力動感的台灣社會一隅教養孩子，我感覺到自己就像站在最前線持續地學習重要事物。

不知道我這個愛多管閒事的日本人歐巴醬，有沒有將某些訊息，投遞到你／妳的心中呢？

二〇二三年十一月　近藤弥生子

我成為台灣歐巴醬的修練之路

近藤弥生子的台灣在地生活隨筆

作者　近藤弥生子
譯者　丁于文
發行人　林敬彬
主編　楊安瑜
編輯　高雅婷
封面設計　朱疋
內頁編排　吳郁嫻
行銷經理　林子揚
行銷企劃　戴詠蕙、趙佑瑀
編輯協力　陳于雯、高家宏
出版　大旗出版社
發行　大都會文化事業有限公司
11051台北市信義區基隆路一段432號4樓之9
讀者服務專線：(02)27235216
讀者服務傳真：(02)27235220
電子郵件信箱：metro@ms21.hinet.net
網　址：www.metrobook.com.tw

郵政劃撥　14050529 大都會文化事業有限公司
出版日期　2023 年 07 月初版一刷
定價　350元
ISBN　978-626-7284-09-4
書號　B230701

國家圖書館出版品預行編目（CIP）資料

我成為台灣歐巴醬的修練之路：近藤弥生子的台灣在地生活隨筆 / 近藤弥生子著 . -- 初版 . -- 臺北市：大旗出版：大都會文化發行 , 2023.07
224 面 ;14.8*21 公分
譯自：台湾はおばちゃんで回ってる？！
ISBN 978-626-7284-09-4(平裝)

1. 臺灣社會 2. 臺灣文化 3. 社會生活

733.4　　112006214